Vermerke

Blosenberg

Im Bewußtsein seiner Verantwortung vor Gott und den Menschen, von dem Willen beseelt, seine nationale und staatliche Einheit zu wahren und als gleichberechtigtes Glied in einem vereinten Europa dem Frieden der Welt zu dienen, hat das Deutsche Volk in den Ländern Baden, Bayern, Bremen, Hamburg, Hessen, Niedersachsen, Nordrhein-Westfalen, Rheinland-Pfalz, Schleswig-Holstein, Württemberg-Baden und Württemberg-Hohenzollern, um dem staatlichen Leben für eine Übergangszeit eine neue Ordnung zu geben, kraft seiner verfassungsgebenden Gewalt dieses Grundgesetz der Bundesrepublik Deutschland beschlossen. Es hat auch für jene Deutschen gehandelt, denen mitzuwirken versagt war. Das gesamte deutsche Volk bleibt aufgefordert, in freier Selbstbestimmung die Einheit und Freiheit Deutschlands zu vollenden.

Präambel des Grundgesetzes
der Bundesrepublik bis zum 30.08.1990

DDR

L 0695807

VITALIS

Harald Salfellner
Werner Wnendt

DAS PALAIS LOBKOWICZ

Ein Ort deutscher Geschichte in Prag

VITALIS

Die Deutsche Bibliothek - CIP - Einheitsaufnahme
Das Palais Lobkowicz : Ein Ort deutscher Geschichte in Prag /
Hans-Dietrich Genscher ; Harald Salfellner ; Werner Wnendt. - Praha:
Vitalis, 1999
ISBN 80-85938-65-0

U Lužického semináře 19
CZ-118 00 Praha
e-mail: Vitalis@telecom.cz

1. Ausgabe 1999
Erstveröffentlichung
Satz: CADIS, Praha
Druck: Finidr, Český Těšín
ISBN 80-85938-65-0

Inhaltsverzeichnis

Die Samtene Revolution ist unumkehrbar geworden. Der Dissident und künftige Präsident Václav Havel spricht zu den Teilnehmern der Großdemonstration auf dem Letná-Feld

Herbst 1999: Das Ende der ČSSR – Havel und Dubček auf dem Wenzelsplatz

Grußwort von Václav Havel

Präsident der Tschechischen Republik

Sehr geehrte und liebe Leser,

in diesem Jahr rufen wir uns den 10. Jahrestag historischer Ereignisse in Mittel- und Osteuropa in Erinnerung, die so deutlich die Schicksale der gesamten Menschheit geprägt haben. Sie führten nicht nur zum Zusammenbruch der kommunistischen Regime und zum Fall des schon rostigen Eisernen Vorhangs, sondern gaben der Geschichte der Menschen ihren natürlichen Puls, ihre Dynamik und ihre Dimension zurück. Freie Bürger konnten so wieder zum Subjekt der Geschichte werden, und das auch dort, wo es bisher unmöglich und illusorisch erschien.

Es waren vor allen Dingen die Ereignisse des Sommers und Herbstes 1989, die uns allen die bewundernswerte Verbundenheit der Welt in Erinnerung brachten. Noch vor zwei Jahrhunderten verbreiteten sich die Nachrichten von der Französischen Revolution über Tage und Wochen in Europa, im Jahre 1989 ergossen sich die Hoffnungen der neu erwachten Gesellschaften blitzschnell über die Grenzen. Die Hoffnungen der Bürger der Tschechoslowakei, Deutschlands, Polens oder Ungarns wurden auch zur Hoffnung der Bürger der Länder, die schon jahrelang in Demokratie und Prosperität lebten.

Einige dieser Ereignisse können wir nicht anders denn als aussagekräftige und unvergeßliche Symbole des Wechsels der Zeitalter sehen, eines wahrlich historischen Umbruchs – wie unerwartet er in seiner Stärke und Erscheinung auch war.

Doch die Berliner Mauer ist nicht „von selbst“ gefallen, sondern wurde bestritten und überschritten durch den freien Willen der Bürger, die sich auf ihre unveräußerlichen Rechte besannen und sie in selbstbewußter historischer Geste einforderten. Auch der Prager November brachte freie Bürger auf die Straßen der altehrwürdigen böhmischen Metropole. Und auch ihnen wurde die Freiheit von niemandem geschenkt – sie mußten ihren Anspruch darauf erheben.

Ich glaube, daß wir, die wir persönlich an den Ereignissen beteiligt waren, uns beim Betrachten dieses Buches die unvergeßlichen Augenblicke voller Enthusiasmus und Erwartung in Erinnerung rufen. Und Sie, die Sie nicht dabei waren, werden zumindest teilweise den Geist der Ereignisse des November spüren.

Ihr

Václav Havel

Vorwort von Hagen Graf Lambsdorff

Deutscher Botschafter in der Tschechischen Republik

„Sie können raus!" Als diese Nachricht aus Prag am Nachmittag des 30. September – es gibt sechs Stunden Zeitunterschied zwischen Prag und der US-Ostküste – die deutsche Botschaft in Washington erreichte, fanden wir Deutschen uns alle plötzlich auf den Fluren des weitläufigen Gebäudes wieder. Wochenlang waren die Flüchtlinge aus der DDR, zusammengepfercht in Haus und Garten des Palais Lobkowicz, war die unglaubliche Belastung unserer Kollegen in Prag, war die selbstlose, manchmal sogar gefährliche Hilfe der Prager für die Flüchtlinge Thema Nummer Eins aller Gespräche, aller Konferenzen in der Botschaft – und unserer täglichen Kontakte mit der amerikanischen Administration gewesen. Freude und Erleichterung sprachen jetzt aus allen Gesichtern. Außenminister Hans-Dietrich Genscher und unsere Kollegen aus dem Auswärtigen Amt in Bonn und Prag hatten geschafft, was angesichts des hartnäckigen Widerstandes der kommunistischen Regime in der DDR und der ČSSR noch wenige Tage vorher unerreichbar schien.

Bald gingen die Gedanken weiter. Was würden die Konsequenzen dieses nächtlichen Jubelschreis aus dem Garten der Botschaft sein? Nach der Öffnung der ungarisch-österreichischen Grenze wenige Wochen zuvor war nun ein zweites, ungleich größeres Loch gerissen in die Mauer um den östlichen Teil Deutschlands. Wie lange würde danach die Regierung in Ostberlin noch an der Schimäre vom „antifaschistischen Schutzwall" festhalten können?

Es waren genau 40 Tage. Die Forderung der souveränitätsversessenen DDR-Führung, alle Flüchtlinge aus Prag müßten in Eisenbahnzügen über DDR-Territorium in den Westen ausreisen, erwies sich als katastrophaler Fehler. Wie ein Lauffeuer verbreitete sich die Kunde von den durchreisenden Flüchtlingstransporten zuerst an der Fahrtroute, dann im Süden des Landes, schließlich in der ganzen DDR. Nur mit Mühe konnten „Volkspolizisten" die Deutschen davon zurückhalten, die Züge gleich dort zu stürmen und mitzufahren. Kurze Zeit später skandierten dieselben Menschen in den Städten der DDR „Wir sind ein Volk!".

Zehn Jahre nach diesen Ereignissen legen die beiden Autoren nun dieses Buch vor, das an den Freiheitskampf der 6000 erinnern, gleichzeitig aber auch das Palais Lobkowicz vorstellen soll, eine der schönsten deutschen Botschaften in der Welt. Palais und Park, damals monatelang Massenlager, bilden ein Ensemble von selbst in Prag auffallender Eleganz. Dies auch zu zeigen, war das Ziel dieses Buches, dem ich viele Leser und eine hohe Auflage wünsche.

DDR-Bürger warten vor der Botschaft der Bundesrepublik Deutschland (Palais Lobkowicz)

Einführung

von Werner Wnendt und Harald Salfellner

Der 30. September 1989 gehört zu jenen ganz besonderen Tagen, an denen Geschichte geschrieben wird. Diese Tage sind die Wegmarken, die den Lauf der Geschichte erkennbar werden lassen. Ohne sie wäre Geschichte sehr viel schwerer zu verstehen und den Menschen nahezubringen. Das „historische" Datum steht dabei sowohl für ein konkretes, oftmals gar nicht so bedeutendes Ereignis, als auch für einen historischen, meist revolutionären Prozeß der Veränderung. So war es auch am 30. September 1989, als fast viertausend Flüchtlinge der DDR die Botschaft der Bundesrepublik Deutschland in Prag verließen, nachdem ihnen um 18.58 Uhr der deutsche Außenminister Hans-Dietrich Genscher mitgeteilt hatte, daß die Regierung der DDR ihrer Ausreise in die Bundesrepublik Deutschland zugestimmt hatte. Noch ahnten wenige von denen, die bis in die frühen Morgenstunden des 1. Oktober hinein die Züge bestiegen, die sie in die Freiheit bringen sollten, daß ihr Land, dem sie für immer den Rücken kehren wollten, daß die DDR am Ende war. Auch die Millionen Menschen, die in Deutschland und überall in Europa und der Welt die Ereignisse im Garten der deutschen Botschaft in Prag gerührt am Bildschirm verfolgt hatten, begriffen wohl nur allmählich, daß sie Augenzeugen eines historischen Ereignisses geworden waren, von dem sie noch ihren Enkelkindern werden erzählen können, sie seien, zumindest per Fernsehübertragung, dabeigewesen. Denn am 30. September 1989 riß auch der Eiserne Vorhang, der nach dem Ende des Zweiten Weltkrieges Deutschland und Europa mehr als vierzig Jahre lang geteilt hatte, ein weiteres Stück. Das Loch, das die Öffnung der ungarisch-österreichischen Grenze am 10. 09. 1989 gerissen hatte, wurde größer, und es waren nur noch 40 Tage bis zum 9. November, dem Tag, an dem in Berlin der „gordische" Knoten der Teilung Europas zerschlagen wurde, und die Mauer, das Symbol dieser Teilung, fiel.

Damit die Ereignisse in der deutschen Botschaft im Herbst 1989 und das ganz persönliche Schicksal der fast 20.000 Menschen, die damals im Verlauf einiger Wochen Zuflucht in der Botschaft suchten und von dort aus in den Westen ausreisen durften, nicht im Strom der umwälzenden Veränderungen, die seither die Welt in Atem halten, verloren gehen, veröffentlichen wir anläßlich des zehnten Jahrestages der ersten Ausreise der DDR-Flüchtlinge diesen Bildband. Er soll erinnern an die Tage des Bangens und Hoffens, des Leidens und der überwältigenden Freude, als endlich die Nachricht von der bevorstehenden Ausreise eintraf. In ihm kommen die Akteure und die Betroffenen von damals zu Wort. Geschildert wird nicht nur Heroisches und Historisches, sondern vor allem Menschliches, z. B. die fast unbeschreibliche Enge und die katastrophalen hygienischen Verhältnisse, unter denen die Flüchtlinge in der Botschaft lebten, auch ihren Mut und ihre Entschlossenheit, auszuharren und alles zu ertragen, wenn am Ende nur die Freiheit stehen würde, was jedoch keineswegs gewiß war. Erinnert werden soll auch an die fast übermenschlichen Leistungen derjenigen, die unter schwierigsten Bedingungen die Hilfe für die Flüchtlinge organisieren mußten, die Lebensmittel, Betten, Medikamente und vieles mehr für die vielen tausend Männer, Frauen und Kinder in der Botschaft beschafften. Darunter waren auch viele Tschechen und Prager Bürger, die, obwohl ihre Regierung in Nibelungentreue fest zum kommunistischen Bruderland DDR stand und so gut wie keine Hilfe leistete, Anteil nahmen, die Flüchtlinge mit Nahrungsmitteln und Decken versorgten, ihnen über den Zaun der Botschaft halfen oder auch nur geduldig tolerierten, daß in jenen Tagen Hunderte verlassener Trabbis und Tausende herumirrender DDR-Bürger den Verkehr in Prag fast völlig zum Erliegen brachten. Zu denen, die an die Flüchtlinge in der Botschaft Tee ausschenkten, gehörte auch Václav Havel, dem die tschechoslowakischen Behörden gerade die Ausreise in die Bundesrepublik Deutschland verweigert hatten, wo er in Frankfurt den an ihn verliehenen Friedenspreis des deutschen Buchhandels entgegennehmen sollte. Vielleicht hat Václav Havel mehr als die vielen Prager Bürger, die schließlich die Ausreise der DDR-Flüchtlinge mit Jubel begleiteten, gespürt, daß auch in der ČSSR das Ende der kommunistischen Diktatur bevorstand und in nur wenigen Wochen mit den ersten Demonstrationen am 17. November in Prag die Samtene Revolution beginnen würde.

Zu einem historischen Datum gehört auch ein historischer Ort, an dem Geschichte sich ereignet. Es gibt sicher nicht viele historische Orte, deren architektonische Schönheit und geographische Lage sich mit der des Palais Lobkowicz messen können, auch wenn die Flüchtlinge, die 1989 im Schlamm des Lagers versanken, das einmal der Garten des Palais war, oder in der drangvollen Enge unter dem Dach des Palais ausharren mußten, dies nicht so empfunden haben mögen. Eingebettet in das unvergleichliche städtebauliche Ensemble der Prager Kleinseite liegt das hochbarocke Stadtpalais am Fuße des Petřín, den die Deutschen in Prag Laurenziberg nennen, unterhalb des Klosters Strahov mit seinen malerischen Gärten. Nach einer wechselvollen Geschichte war das Palais 1927 von der böhmischen Adelsfamilie der Fürsten Lobkowicz, deren Namen es heute noch trägt, an den tschechoslowakischen Staat verkauft worden. Nach Aufnahme der diplomatischen Beziehungen zwischen der Bundesrepublik Deutschland und der ČSSR im Jahre 1974 wurde das Palais dann im Sommer 1975 zum Sitz der (west-)deutschen Botschaft in Prag. Auch heute befindet sich dort die nunmehr alleinige deutsche Botschaft in der Tschechischen Republik. Nach umfangreichen Renovierungsarbeiten im Laufe der letzten Jahre ist das Palais inzwischen eines der schönsten Beispiele für die barocke Architektur im an großartigen Gebäuden gewiß nicht armen Prag und mit Sicherheit eine der schönsten, wenn nicht die schönste unter den mehr als 140 Botschaften, die die Bundesrepublik Deutschland weltweit unterhält. Schon deshalb wäre es gerechtfertigt, einen Bildband über das Palais Lobkowicz zu veröffentlichen. Erst recht notwendig wird dies jedoch wegen der Ereignisse vom Herbst 1989, durch die das Palais „Ein Ort deutscher Geschichte“ geworden ist. Wir haben uns deshalb entschlossen, nachfolgend zunächst die Geschichte zu erzählen und daran anschließend diesen Ort darzustellen. Dies kommt sicher auch den vielen deutschen und anderen Besuchern entgegen, die jedes Jahr zur Botschaft in Prag kommen und gerne mehr wissen würden über das Palais Lobkowicz und seine Rolle in der jüngeren deutschen Geschichte. Ihnen und all denen, die 1989 in der Botschaft waren, aber auch den vielen, die nach Prag reisen, jedoch keine Gelegenheit zum Besuch des Palais Lobkowicz haben, weil es eben noch immer deutsche Botschaft ist und kein Museum, und schließlich denjenigen, die sich für die Geschichte interessieren, die sie vor zehn Jahren am Fernsehbildschirm miterlebt haben, soll der vorliegende Bildband Auskunft geben über ein Kapitel der deutschen Geschichte, welches – auch noch im Rückblick nach zehn Jahren – zu den friedlichsten und freudigsten Kapiteln gehört, das die Deutschen, ihre tschechischen Nachbarn und die Völker Europas insgesamt in unserem bewegten und an Katastrophen reichen Jahrhundert erleben durften.

Prag im September 1999

Die von Menschenmassen verstopfte Zugangsstraße (Tržižtě) zur Botschaft der BRD

Außenminister Genscher (links) zu Gast beim Generalsekretär der KSČ Jakeš während eines Staatsbesuches in der ČSSR (wenige Monate vor dem Fall der Berliner Mauer)

Außenminister Genscher und sein sowjetischer Kollege Schewardnadse

Das Jahr 1989

von Hans-Dietrich Genscher, Außenminister a. D. der Bundesrepublik Deutschland

Das Jahr 1989 war zumindest für uns Deutsche eines der ereignisreichsten und geschichtsträchtigsten dieses Jahrhunderts. Immer wieder begegnen wir heute in 10-jähriger Rückerinnerung den bedeutsamen Daten. Der 30. September 1989 ist sicher neben dem 9. November 1989, dem Tag der Öffnung der Mauer in Berlin, derjenige, der am nachhaltigsten damals wirkte und heute noch nachwirkt. Man kann mit großer Sicherheit sagen, daß ohne den 30. September 1989 die Öffnung der Mauer – zumindest zu diesem Zeitpunkt – kaum zu erwarten gewesen wäre. Unbemerkt von der Weltöffentlichkeit und insoweit auch kaum zur Kenntnis genommen in der deutschen Öffentlichkeit, hatte sich innerhalb von 20 Tagen in einer grundlegenden, für den Bestand der DDR geradezu existenziellen Frage die Haltung der Führung der DDR um 180 Grad geändert. Was war geschehen?

In unserer Erinnerung sind immer noch der Mut der ungarischen Führung und die Hilfsbereitschaft des ungarischen Volkes, als es um das Schicksal der Deutschen aus der DDR ging, die in Ungarn im Sommer 1989 Zuflucht gesucht hatten. Am 2. Mai 1989 hatte Ungarn damit begonnen, die Grenzsicherungsanlagen an der ungarisch-österreichischen Grenze abzubauen. Am 27. Juni 1989 durchschnitten die Außenminister Ungarns und Österreichs, Gyula Horn und Alois Mock, den Stacheldraht, der Ost und West in Europa trennte. Der ungarische Außenminister Horn wurde damals einer breiteren Öffentlichkeit in Deutschland zum ersten Mal bekannt. Wer mit ihm schon vorher zu tun hatte, wußte, daß für ihn die Überwindung der Teilung Europas auch die Öffnung für eine neue Etappe in der ungarischen Geschichte war. Konsequent arbeitete er für die Überwindung der Relikte des Kalten Krieges. Er nutzte dabei umsichtig und konsequent die Möglichkeiten, die die Politik Gorbatschows und Schewardnadses eröffnete. In den folgenden Wochen erwies er sich als ein Mann von großer Standhaftigkeit und von einer zutiefst humanitären Gesinnung. Er war nicht bereit, die Mauer, die Berlin trennte, bis nach Budapest verlängern zu lassen. Schließlich traf er zusammen mit Ministerpräsident Németh die Entscheidung, den Weg für die Deutschen aus Ungarn über Österreich in die Bundesrepublik Deutschland zu öffnen. Das geschah gegen den erklärten Willen und den heftigsten Protest der Führung der DDR. Vorangegangen waren der Entscheidung schwierigste, zum Teil im schärfsten Ton geführte Verhandlungen Horns in Ostberlin. Die Öffnung des Eisernen Vorhangs durch die ungarische Führung im vollen Konsens mit dem ungarischen Volk war eine aus freiheitlicher Gesinnung geborene, von der Einheit Europas bestimmte Entscheidung.

In Prag sahen wir uns einer anderen Situation gegenüber. Auf der einen Seite tolerierte die tschechoslowakische Führung die Aufnahme von immer mehr Flüchtlingen aus der damaligen DDR in unserer Botschaft, vor allem ließ sie alle Maßnahmen zu, die wir ergreifen mußten, um die Versorgung für zunächst hunderte, dann tausende von Zufluchtsuchenden in der Botschaft sicherzustellen. Sie hätte durch administrative Maßnahmen leicht die Zufuhr von Lebensmitteln, Schlafgelegenheiten und auch die sanitären Maßnahmen behindern können. Auch die Anwesenheit von immer mehr Angehörigen des

Auswärtigen Dienstes zur Betreuung der Zufluchtsuchenden wurde nicht behindert. Aber die Öffnung der Tore der Botschaft war nur mit Zustimmung der DDR-Führung möglich. Als schließlich der Ständige Vertreter der DDR in Bonn am 30. September 1989 mitteilte, daß die DDR mit der Ausreise in Sonderzügen der Bundesbahn über das Gebiet der DDR in die Bundesrepublik Deutschland einverstanden sei, bedeutete das eine Kehrtwende in der Haltung der DDR-Führung. Vorangegangen waren Gespräche, die ich in New York mit dem Außenminister der DDR, Fischer, mit dem sowjetischen Außenminister, Schewardnadse, und mit den unser Anliegen unterstützenden Außenministern der USA, Frankreichs und Großbritanniens, James Baker, Roland Dumas und Douglas Hurd, geführt hatte. Die Kehrtwende der DDR-Führung und die tiefe emotionale Bewegung, die die Ausreise aus der Botschaft auslöste, veränderten die Lage in der DDR schlagartig. Gewiß war diese Kehrtwende auch bestimmt worden durch das Bemühen, den 40. Jahrestag der Gründung der DDR am 7. Oktober 1989 nicht in den Schatten der Ereignisse in der deutschen Botschaft in Prag geraten zu lassen. Aber die emotionalen und politischen Auswirkungen waren unübersehbar. Binnen zehn Tagen war aus dem „Nein" der DDR-Führung ein „Ja" zur Ausreise aus einem dritten, aus einem Zufluchtsland für DDR-Bürger geworden. Von hier führt eine gerade Linie zum 9. November, zu der Öffnung der Mauer. Die Weigerung der Bundesregierung, die Berliner Mauer auch vor unseren Botschaften in Budapest, Prag und Warschau zu errichten, und der unübersehbare Wille der Menschen zur Ausreise mündeten schließlich in der Öffnung der Mauer. So kann man heute rückblickend feststellen, daß der Wille der Menschen in der früheren DDR, ihre Lebensverhältnisse zu verändern und Freiheit und Einheit durchzusetzen, der in den friedlichen Demonstrationen des Herbstes 1989 zum Ausdruck kam, und der Wille, das Recht auf Freizügigkeit wahrzunehmen, der sich in der Zuflucht in den Botschaften der Bundesrepublik in Ungarn, der Tschechoslowakei und Polen zum Ausdruck kam, den Weg zur Überwindung der Teilung Deutschlands und Europas öffneten. Sie, die Bürgerinnen und Bürger der DDR, haben damals mit Verantwortung und Augenmaß nicht nur ihr eigenes Schicksal, sondern das Schicksal Deutschlands und Europas in die Hand genommen. Heute wissen wir, daß damals noch viel mehr geschah. Der Kalte Krieg wurde beendet, der Weg für ein neues und größeres Europa wurde freigemacht und die Folgen des Kalten Krieges für die ganze Welt wurden überwunden. Der 30. September 1989 reiht sich damit ein in die großen Daten der deutschen Geschichte. Er ist ein Tag des Volkes, so wie die Tage der Freiheitsdemonstrationen und schließlich der 9. November 1989. Wir verdanken es den Menschen, die Ausreisefreiheit verlangten, indem sie Zuflucht suchten in unseren Botschaften, wir verdanken es den Menschen, die friedlich für Einheit und Freiheit in den Straßen der DDR demonstrierten, daß auch wir Deutsche sagen können: Wir sind dabei gewesen, als 1989 die große europäische Freiheitsrevolution stattfand in Polen, in der Tschechoslowakei, in Ungarn, in Bulgarien, in Rumänien und eben auch in der damaligen DDR. Das hat unserem ganzen Volk viel gegeben. Die Freude über diese Ereignisse darf die Erinnerung nicht verdrängen an jenen Tag einer versuchten, wenn auch damals noch nicht erfolgreichen Freiheitsrevolution im sowjetischen Machtbereich. Auch damals wurde deutsche Freiheitsgeschichte geschrieben. Was zwischen 1933 und 1945 in Deutschland und von Deutschen gegenüber anderen Völkern geschah, macht diese deutschen Freiheitsrevolutionen so bedeutsam.

Für mich ist noch heute unfaßbar, was dieser 30. September 1989 für mich persönlich bedeutete. In tiefer Erregung flog ich nach Prag. Mein schlechter Gesundheitszustand – wenige Wochen, nachdem ich den Herzinfarkt vom 20. Juli 1989 einigermaßen überstanden hatte – ließ mich die Folgen der Anspannung und Erregung der letzten Tage immer deutlicher spüren. Als ich auf den Balkon trat, standen tausende von Menschen vor mir, die meisten von ihnen in einem Alter, in dem ich selbst 37 Jahre zuvor im August 1952 die DDR verlassen hatte. Ich konnte nachfühlen, was dieser Entschluß für sie bedeutete. Viele von ihnen kamen mit ihren Kindern. Der Hinweis auf diese Kinder hatte Schewardnadse in New York besonders beeindruckt. Sie waren ein hohes Risiko eingegangen. Hoffnung und Enttäuschung hatten in den Tagen und Wochen davor ihr Schicksal bestimmt. Wenn man politische Verantwortung trägt, dann wird man immer wieder mit schwerwiegenden Problemen konfrontiert. Die Verantwortung erscheint manchmal fast kaum noch tragbar. Das Gefühl, etwas erreicht zu haben, wechselt mit Enttäuschungen und auch Rückschlägen. Niemand ist frei von dem Gefühl, durch Kritik verletzt zu werden – mag sie nun begründet sein oder nicht. Und nun auf einmal die Möglichkeit, den Menschen sagen zu können: Der Weg ist frei!

Es waren zwei Gründe gewesen, die mich veranlaßt hatten, mein Leben ganz in den Dienst der Politik zu stellen: einmal die Erfahrungen bis 1945 – damals war ich gerade 18 Jahre alt –, die Entschlossenheit meiner Generation, daß sich das niemals wiederholen dürfe, zum anderen der meine politische Arbeit beherrschende Wille, die Teilung Deutschlands zu überwinden, zusammen mit der Teilung Europas, zu erreichen, daß meine Heimatstadt Halle wieder demselben Staat zugehören möge, in dem ich lebte, der freiheitlichen Bundesrepublik Deutschland, und die Zuversicht, das noch zu erleben, wenn mir eine normale Lebenserwartung geschenkt werden würde, und die stille Hoffnung, als Außenminister durch meine Arbeit nicht nur den Weg dorthin zu bereiten, sondern auch vollenden zu können. Nun war es soweit! Es überkam mich ein Gefühl tiefer Dankbarkeit dafür, daß jahrzehntelanges Bemühen wohl doch nicht vergeblich gewesen war. Noch heute sprechen mich Bürgerinnen und Bürger an, die damals in der Botschaft waren. Bei einem solchen Gespräch fühlt man sich einander in einer besonderen Weise persönlich näher als mit allen Umstehenden.

Ich wünsche mir, daß der 30. September 1989 in Prag die Überzeugung in unserem Lande stärken möge, daß es sich lohnt, mit Verantwortung für Freiheit und Menschenrechte einzutreten, daß wir aber auch nie vergessen wollen, daß das, was 1989 geschah, zugleich eine deutsche und eine europäische Freiheitsrevolution war. Die Haltung der Prager Bevölkerung zu den Zufluchtsuchenden war von den gleichen tiefen Gefühlen bestimmt. Sie verdient unsere Dankbarkeit, und wir werden auch nicht vergessen, daß die damals Verantwortlichen in Prag die Schritte tolerierten, die wir unternahmen, um die elementaren Existenzvoraussetzungen für die DDR-Bürgerinnen und -Bürger in unserer Botschaft zu sichern. Und meine Dankbarkeit gilt in Erinnerung daran auch den mit uns befreundeten Regierungen in Washington, Paris und London, aber auch denen in Moskau und Tiflis, Michail Gorbatschow und Eduard Schewardnadse. Und es sollen auch die nicht vergessen werden, die in der damaligen DDR-Führung den Weg für einen friedlichen Übergang – ohne Gewaltanwendung gegen die friedliche Freiheitsrevolution – ermöglichten. Das begann am 30. September 1989 in Prag.

Mit Kind und Kegel auf dem Weg in die Freiheit

Der 30. September 1989

von Werner Wnendt, Stellvertreter des Deutschen Botschafters

Es ist nicht leicht, die Ereignisse in der deutschen Botschaft in Prag, die am 30. September 1989 die Welt in Atem gehalten haben, mit der Distanz von beinahe zehn Jahren im Detail zu rekonstruieren. Obwohl oder vielleicht gerade weil beinahe die gesamte Welt zugesehen hat, ist in der allgemeinen Freude, der Dramatik des Augenblicks und dem unglaublichen Chaos, das damals in der Botschaft herrschte, vieles nicht genau festgehalten oder bei den späteren Aufräumarbeiten wieder verloren gegangen. So ist es heute beispielsweise unmöglich, die genaue Zahl der DDR-Flüchtlinge zu nennen, die sich an diesem für die deutsche und europäische Geschichte so schicksalhaften Tag in der Botschaft aufhielten und die Ausreise in die Bundesrepublik Deutschland antraten. Tatsache ist, daß viele, die schließlich ausreisen konnten, gar nicht bis in die Botschaft gekommen waren, sondern sich in den Straßen und Gassen in der Umgebung der Botschaft aufhielten oder sich auch direkt bis zum Vorstadtbahnhof „Libeň" durchschlugen, von dem am Abend des 30. September und bis in die frühen Morgenstunden des 1. Oktober die Züge mit den Flüchtlingen abfuhren. Auch die Angaben über die Zahl derjenigen, die im Garten der Botschaft der lang erhofften und trotzdem fast unglaublichen Erklärung des deutschen Außenministers Hans-Dietrich Genscher lauschten und noch während Genscher sprach in extatischen Jubel ausbrachen, kann nur auf etwa viertausend geschätzt werden. Unterschiede hinsichtlich der Zahlen und unterschiedliche Angaben zu den zeitlichen Abläufen finden sich auch in den Augenzeugenberichten. Wir haben diese Ungenauigkeiten und voneinander abweichenden Schilderungen, die dem sorgfältigen Leser auffallen mögen, bewußt in Kauf genommen, weil die Berichte nicht in erster Linie historisch genau, sondern vor allem möglichst authentisch und lebendig sein sollen.

Obwohl sich dieses Buch mit den Ereignissen des 30. 09. 1989 befaßt, ist es zum besseren Verständis geboten, zunächst die politischen Rahmenbedingungen zu betrachten, die damals in Europa im Spannungsfeld zwischen West und Ost herrschten. Auch die Vorgeschichte und das Nachspiel in der Botschaft werden dargestellt. Im Vordergrund steht aber der 30. 09. 1989, der eigentlich „historische" Tag. An diesem Tag wurde, wie Hans-Dietrich Genscher in seinem Beitrag schreibt, deutlich, daß sich die Haltung der Führung der DDR in einer für sie geradezu existenziellen Frage um 180 Grad geändert hatte. Ein Staat, dessen Existenz über weite Strecken schon deshalb gefährdet war, weil seine Bürger ihm davonzulaufen drohten, und der dies mit Mauer und Stacheldraht zu verhindern suchte und sich mit einer Politik der Einschüchterung und Repression stets die letztendliche Entscheidung über eine mögliche Ausreise seiner Bürger vorbehielt, stimmte zu, daß eine große Zahl seiner Bürger und noch dazu vom Ausland aus ihrem Staat den Rücken kehren konnten.

Das Schicksalsjahr 1989

Es ist kein Zufall, daß gerade die deutsche Botschaft in Prag zum Schauplatz der Geschichte wurde, und es ist auch kein Zufall, daß dies im Herbst 1989 geschah. Im Jahre 1989 hatten sich nämlich die Verhältnisse im einst monolithischen Ostblock bereits dramatisch verändert. In Polen und Ungarn waren Reformen in Gang gekommen, aber auch in der zentralen Macht im sozialistischen Lager, der Sowjetunion. Anders als bei früheren Reformbestrebungen, wie etwa dem Prager Frühling von 1968, fanden die Veränderugen damit nicht nur an der Peripherie, sondern im Zentrum des kommunistischen Machtbereichs selbst statt. Die Politik des sowjetischen Präsidenten Michail Gorbatschow ließ nach Jahrzehnten kommunistischer Alleinherrschaft demokratische Reformen auch in der UdSSR möglich erscheinen und vergrößerte die Spielräume für die sozialistischen Bruderstaaten und für die Neugestaltung der Beziehungen zum Westen. Der Westen war dabei, wie Hans-Dietrich Genscher es schon früh gefordert hatte, Gorbatschow beim Wort zu nehmen. Dessen Politik von Perestroika und Glasnost beflügelte auch die Gedanken der Menschen in der DDR. Die DDR-Führung gehörte aber zusammen mit den Kommunisten im Nachbarland ČSSR zu den Regimen, die keine Reformen zuließen. Für die DDR-Führung war klar, daß es in der DDR nicht nur, wie etwa in Polen und Ungarn um die Zukunft der kommunistischen Alleinherrschaft ging, sondern letztendlich um den Fortbestand des zweiten deutschen Staates. Wie sollten die SED und ihre größtenteils überalterte Führungsriege, die es in vierzig Jahren nicht verstanden hatten, das Vertrauen der Menschen zu gewinnen, ausgerechnet jetzt hoffen können, daß nicht schon die ersten kleinen Reformschritte zu sehr viel weitergehenden Forderungen, einschließlich der nach dem Ende der DDR, führen würden. Welche Existenzberechtigung hätte auch ein zweiter deutscher Staat noch gehabt, wenn er sich nicht als Arbeiter- und Bauernstaat ideologisch von seinem größeren Nachbarn abgrenzen konnte. Noch war, das war auch der Führung von Partei und Staat in der DDR klar, die DDR nicht auf dem Weg zu einem zweiten Österreich. So war neben der Reformunfähigkeit im Inneren das verstärkte Abgrenzungsbemühen nach außen charakteristisch für die DDR-Führung im Jahre 1989. Am 19. Januar hatte Staats- und Parteichef Erich Honecker klargestellt, daß „die Mauer in 50 und auch in 100 Jahren noch bestehen bleiben werde“. Und zum 28. Jahrestag des Mauerbaus, am 13. August 1989, stellte die Staatsführung der DDR unmißverständlich fest: „Die Mauer wird nicht niedergelegt, solange die Bedingungen weiterbestehen, die zu ihrer Einrichtung führten, und solche Bedingungen bestehen weiter.“ Zu diesem Zeitpunkt hatte die „Abstimmung mit den Füßen“ der DDR-Bürger längst begonnen. Die Zahl der Ausreiseanträge stieg dramatisch an und vor allem über Ungarn versuchten immer mehr DDR-Bürger in den Westen zu gelangen. Die ČSSR, die seit dem Ende des Prager Frühlings zu den orthodoxesten kommunistischen Staaten gehörte, war für die DDR-Bürger unter ideologischen Gesichtspunkten kein geeignetes Land, um ihre Ausreisewünsche durchzusetzen, wohl aber sprachen geographische und praktische Gründe für die ČSSR. So war die ČSSR, die in den Augen der DDR-Führung als zuverlässig galt, das einzige Land, in das die DDR-Bürger im Jahre 1989 ohne Ausreisevisum reisen konnten. Eine ähnliche Regelung für Polen war, nach dem Entstehen der Solidarność, wieder abgeschafft worden. Nach Prag und in die ČSSR konnten DDR-Bürger dagegen fast problemlos mit ihrem Personalausweis einreisen, wovon sie, auch wegen der geringen Entfernung, regen Gebrauch machten. Für viele DDR-Bürger blieb damit die ČSSR, das einzige Ausland, das sie aus eigener Anschauung kannten. Auch während des Flüchtlingsdramas in der deutschen Botschaft in Prag war die Ausreise in die ČSSR zunächst ohne weiteres möglich und nicht wenige DDR-Bürger, die von der bevorstehenden Ausreise der Flüchtlinge im Fernsehen erfuhren, fuhren spontan nach Prag, um sich anzuschließen.

Bis Prag war es also nur ein relativ kleiner Schritt, ein noch kleinerer war der Weg in die westdeutsche Botschaft, das Palais Lobkowicz. Gleichwohl verursachte dieser letzte Schritt, denjenigen die ihn damals taten Herzklopfen und Schweißausbrüche. Zwar wurden die Flüchtlinge fast während der ganzen Zeit kaum von den tschechoslowakischen Sicherheitskräften am Betreten der Botschaft gehindert, aber es war völlig unklar, was danach geschehen würde. Trotzdem entschieden sich 1989 immer mehr DDR-Bürger zu diesem Schritt. Für sie war die Gängelei in der DDR, die sich vor allem auch in den Reisebestimmungen zeigte, nicht mehr zu ertragen. Die im November 1988 verkündeten Reiseerleichterungen wurden allgemein als unzureichend empfunden. Die oben zitierte Honecker-Aussage zum Bestand der Mauer machte dann endgültig deutlich, was vom Reformwillen der SED-Führung zu halten war. Das Gefängnis, als das viele Bürger ihren Staat empfanden, sollte nicht geöffnet werden, für manchen ein letzter Anstoß zur Flucht.

Daß viele DDR-Bürger damals in Prag und auch in Warschau oder Budapest in die westdeutschen Botschaften flohen, hatte seinen Grund in den fortbestehenden Meinungsunterschieden zwischen der Bundesrepublik Deutschland und der DDR zum Staatsangehörigkeitsrecht. Die Bundesregierung ging weiterhin davon aus, daß es nur eine deutsche Staatsangehörigkeit gab, weshalb jeder DDR-Bürger u.a. das Recht auf einen bundesdeutschen Reisepaß hatte und den konsularischen Schutz der deutschen Auslandsvertretungen in Anspruch nehmen konnte. Natürlich war der Handlungsspielraum der westdeutschen Botschaften in den Staaten des Ostblocks gering. Ein deutscher Reisepaß der Bundesrepublik nutzte den DDR-Bürgern wenig, da er nicht das notwendige Visum für die Einreise in das Ostblockland enthielt und damit auch keine Ausreise ermöglichte. Tatsächlich ließen sich anfangs viele Bürger der DDR in den Botschaften der Bundesrepublik Deutschland nur über Ausreisemöglichkeiten in die Bundesrepublik beraten. Andere versuchten aber sich festzusetzen, um so ihre Ausreise in die Bundesrepublik Deutschland zu erzwingen. Dieser direkte Weg in die Bundesrepublik Deutschland über die deutschen Botschaften war jedoch bis 1989 nicht möglich. Das damals in Abstimmung mit den DDR-Behörden jahrelang paktizierte Verfahren sah vielmehr vor, daß die Flüchtlinge in die DDR zurückkehren mußten, um dort einen Ausreiseantrag zu stellen, der meist, oft aber erst nach Monaten, positiv entschieden wurde. Dieser Weg kam jedoch einem Spießrutenlaufen gleich, weil die DDR ihre ausreisewilligen Bürger alles andere als freundlich behandelte. Erst am 30. 09. 1989 änderte die DDR-Führung ihre Position und ließ zu, daß die DDR-Flüchtlinge unmittelbar in die Bundesrepublik Deutschland ausreisen durften. Allerdings konnte die Ausreise nicht auf direktem Wege, sondern nur mit einem Umweg über das

Staatsgebiet der DDR erfolgen. Das Beharren der DDR-Führung auf diesen „Umweg" war eine Demonstration staatlicher Souveränität und eine „letzte Schikane" gegenüber den eigenen Staatsbürgern, erwies sich aber als politischer Fehler. Der Empfang der Züge mit den Flüchtlingen durch Tausende von DDR-Bürgern, die entlang den Gleisen und auf den Bahnhöfen warteten und versuchten, auf die Züge zu springen, wurde zu einer Manifestation gegen das Regime und trug zu dessen weiterem Autoritätsverfall bei.

Warum aber hatte die DDR-Führung der Ausreise überhaupt zugestimmt. Sicher war ein Grund, daß die Zustände in der Botschaft, in der sich damals mehrere Tausend Menschen aufhielten, unerträglich geworden waren, so daß auch die DDR den Ereignissen, die sich vor den Augen der Weltöffentlichkeit abspielten, nicht länger tatenlos zusehen konnte. Eine humanitäre Lösung des Problems, die im übrigen auch von der sowjetischen Führung und selbst von den Kommunisten in Prag gefordert wurde, wobei letztere eher an eine Unterbringung der Flüchtlinge in Ausweichquartieren dachten, war am besten geeignet, das Ansehen der DDR im Ausland nicht weiter zu beschädigen. Wahrscheinlich wollte sich die DDR-Führung auch nicht die am 7. Oktober bevorstehenden Feierlichkeiten zum 40. Jahrestag der Staatsgründung der DDR durch das Flüchtlingsdrama in der Botschaft Prag verderben lassen. Diese Jubiläumsfeiern waren im übrigen auch ein Grund für viele DDR-Bürger, in der Botschaft auszuharren, weil allgemein mit einer Geste der DDR-Führung gerechnet wurde. Schließlich mag die DDR-Führung gehofft haben, durch die Ausreise einiger Tausend Flüchtlinge den Druck im eigenen Land abbauen zu können. Ein weiterer Irrtum, denn schon wenige Stunden nachdem die letzten Flüchtlinge am 1. Oktober die Deutsche Botschaft verlassen hatten, strömten erneut DDR-Bürger in großer Zahl nach Prag und in die Botschaft, so daß es schließlich am 4. und 5. Oktober, gerade noch rechtzeitig vor dem Staatsjubiläum, zu einer weiteren großen Ausreisewelle kam. Erst danach versuchte die DDR-Regierung in enger Abstimmung mit den tschechoslowakischen Behörden das Loch, das in Prag in den Eisernen Vorhang gerissen worden war, u.a. durch die Aufhebung der Visafreiheit für Reisen in die ČSSR wieder zu stopfen. Auch dieser letzte Versuch, den Lauf der Geschichte aufzuhalten, scheiterte aber nur wenige Wochen später. Als Anfang November die Visumspflicht für Reisen in die ČSSR wieder aufgehoben wurde, strömten erneut Tausende in die deutsche Botschaft, von wo aus sie meist unmittelbar zu den abfahrbereiten Zügen weitergeleitet wurden. Schließlich war es gar nicht mehr notwendig, überhaupt noch in die Botschaft zu kommen, die DDR-Bürger konnten vielmehr unmittelbar zu den Bahnhöfen gehen und von dort, ohne den Umweg über die DDR in die Bundesrepublik Deutschland ausreisen.

Die Krise entwickelt sich

Die Botschaft der Bundesrepublik Deutschland in Prag war schon lange vor dem Herbst 1989 Anlaufstelle für zahlreiche DDR-Bürger gewesen. Während es sich dabei lange Zeit meist um Einzelfälle handelte, erhöhte sich ihre Zahl im Verlauf der 80er Jahre. Als sich Ende 1984 kurzzeitig bis zu 161 Menschen in der Botschaft aufhielten, mußte diese vom

04. 10. 1984 bis zum 20. 02. 1985 erstmals für den Besucherverkehr geschlossen werden. Insgesamt kam es im Zeitraum Januar 1985 bis Juni 1988 zu 1643 sogenannten Festsetzungen. Die meisten der DDR-Bürger, die sich nicht nur beraten lassen wollten, sondern um Asyl nachsuchten und ihre Ausreise forderten, verließen die Botschaft aber wieder nach einigen Stunden oder Tagen. Eine allmähliche Verschärfung der Situation begann sich dann bereits in der zweiten Jahreshälfte 1988 abzuzeichnen. Von Juli bis Dezember 1988 stieg die Zahl der Festsetzungen auf 1754, was bedeutete, daß in sechs Monaten mehr DDR-Bürger in die Deutsche Botschaft kamen, als in den dreieinhalb Jahren zuvor. Diese Entwicklung wird auch im Vergleich der Jahre 1988 und 1989 deutlich. Während es im Januar 1988 nur 19 Festsetzungen gegeben hatte, waren es im Januar 1989 bereits 183. Diese relativ hohe Zahl blieb in den folgenden Monaten annähernd konstant. So gab es im April 164, im Mai 258 und im Juni 283 Festsetzungen. Erst im Juli stieg die Zahl auf insgesamt 413 Personen deutlich an. Diese 413 Personen, darunter 120 Frauen, verbrachten insgesamt 1013 Tage, d.h. im Schnitt weniger als 3 Tage in der Botschaft. Allerdings gab es auch Flüchtlinge, die sich sehr viel länger dort aufhielten.

Mitte August wurde die Situation zunehmend schwieriger, weil immer mehr Zufluchtsuchende nicht mehr bereit waren, die Botschaft wieder zu verlassen. Am 22. August, um 12.00 Uhr, hielten sich 123 Gäste, so die Bezeichnung im internen Sprachgebrauch der Botschaft, darunter ein Drittel Kinder, von denen das jüngste acht Wochen alt war, gleichzeitig in der Botschaft auf. Auf Weisung des Auswärtigen Amtes wurde die Botschaft daraufhin für den Publikumsverkehr geschlossen. Am 25. August traf ein Arzt des Gesundheitsdienstes des Auswärtigen Amtes in Prag ein, um die medizinischen und hygienischen Begleitumstände der Flüchtlingsunterbringung zu beurteilen. Er kam zu dem Schluß, daß die maximale Zahl der in der Botschaft unterzubringenden Flüchtlinge etwa 400 betrug.

Am 27. 08. 1999, um 17.00 Uhr, wurden 215 Flüchtlinge gezählt, darunter 58 Frauen und 71 Kinder. An diesem Tag wurden erstmals zehn Zelte im Garten der Botschaft aufgeschlagen, um die wachsende Zahl der Flüchtlinge beherbergen zu können. Bis dahin waren alle Flüchtlinge im Hauptgebäude der Botschaft, dem Palais Lobkowicz, und in einigen Nebengebäuden untergebracht worden. In den darauffolgenden Tagen stieg die Zahl langsam aber kontinuierlich weiter an. Schon Anfang September waren die Lebensbedingungen, die psychische und physische Belastung für die Flüchtlinge nur schwer zu ertragen. Zudem hielten sich sehr unterschiedliche Personengruppen in der Botschaft auf. Neben Menschen, die z. T. schon seit langem ihre Ausreise geplant und betrieben hatten und einen teilweise jahrelangen Leidensweg hinter sich hatten, kamen auch „Spontan"-Flüchtlinge und Personen mit kriminellem Hintergrund und aus schwierigem sozialen Milieu. Die Gefühle und Hoffungen, aber auch die Spannungen, die damals unter den Flüchtlingen herrschten, kommen in einem Schreiben zum Ausdruck, das ein Teil der Flüchtlinge am 04. September 1989 an Außenminister Genscher richtete. Darin heißt es:

„Wir, die unterzeichnenden Ausreisewilligen, die als letzte Möglichkeit der Ausreise aus der DDR und der Übersiedlung in die BRD die Zuflucht in die Botschaft der Bundesre-

Anstehen für eine ungewisse Zukunft

Die Sorgen sind den Flüchtlingen ins Gesicht geschrieben

Vorplatz der Botschaft der Bundesrepublik: Warten auf Einlaß

publik Deutschland in Prag sahen, möchten uns auf diesem Wege bei der Bundesregierung für das uns gewährte Asyl und die den Umständen entsprechend gute Verpflegung und Unterbringung und das große Engagement der Botschaftsangehörigen bedanken. Wir haben unser ganzes Vertrauen in die Bundesregierung und die langjährigen diplomatischen Erfahrungen und Fähigkeiten unseres Bundesaußenministers, Herrn Hans-Dietrich Genscher, gesetzt, von denen wir hoffen, uns in dieser heiklen diplomatischen Angelegenheit entsprechend unseres Ausreisewillens zu vertreten. (...)

Seit der Schließung der Botschaft hält der ungehemmte Zustrom von Menschen an, von denen viele den Sinn des Asyls offenbar verkennen. Die Hortung von Kleidung und Lebensmitteln, das Einschleusen von Alkohol, ja sogar das nächtliche Verlassen der Botschaft über den Zaun, um Alkohol zu konsumieren, sprechen eine deutliche Sprache. Diese von uns nicht zu akzeptierenden materiellen Beweggründe und unsozialen Verhaltensweisen, von denen wir uns hiermit eindeutig distanzieren, führen zu starken zwischenmenschlichen Spannungen. Durch den unaufhaltsamen Zufluß weiterer Asylsuchender sind nach unserer Meinung die räumlichen und sanitären Kapazitäten der Botschaft völlig erschöpft. Ein weiteres Anwachsen der Zahl der Ausreisewilligen im Gelände der Botschaft ist aus unserer Sicht nicht weiter zu verantworten."

Ein von einer Gruppe von Flüchtlingen angekündigter Hungerstreik konnte von den Mitarbeitern der Botschaft nur durch Überzeugungsarbeit und verständnisvolles Eingehen auf die Bedürfnisse der Flüchtlinge verhindert werden. Noch ahnte wohl niemand, daß dies erst der Beginn eines längeren Leidensweges war und sich die Verhältnisse in der Botschaft von Tag zu Tag verschlechtern würden.

Die Haltung der offiziellen tschechoslowakischen Stellen zu diesem Zeitpunkt war klar und änderte sich im Verlauf des Flüchtlingsdramas wenig. Man betrachtete das Problem als ein Problem zwischen den beiden deutschen Staaten, sah aber gleichwohl die Komplexität der Situation. In einer Stellungnahme aus dem Prager Außenministerium, das engen Kontakt zur DDR-Botschaft in Prag und zu Ostberlin hielt, heißt es hierzu:

„Die Angelegenheit ist kompliziert und wird wohl längere Zeit dauern. Die Beherbergung der Deutschen aus der DDR in der Botschaft steht nicht im Einklang mit den internationalen Abkommen über diplomatische und konsularische Beziehungen. (...) Es wird zur Kenntnis genommen, daß es sich nach Auffassung der Bundesregierung hierbei um Deutsche im Sinne des Grundgesetzes handelt, wenngleich zu dieser Frage unterschiedliche Rechtsauffassungen bestehen. Im übrigen ist die ČSSR daran interessiert, auch in der gegenwärtigen Situation ‚im Rahmen des gesunden Menschenverstandes' die Kontakte und die Zusammenarbeit mit der Bundesrepublik Deutschland aufrechtzuerhalten."

Tatsache war, daß die tschechischen Behörden wenig gegen den stetig anschwellenden Strom der Flüchtlinge unternahmen. Die Versuche, das Übersteigen des Zaunes im Garten der Botschaft – nach dem Schließen der Botschaftstore der einzige Weg – zu unterbinden, blieben halbherzig. Die Reaktion der tschechoslowakischen Bevölkerung, insbesondere in Prag und in der unmittelbaren Nachbarschaft der Botschaft, war dagegen überwiegend freundlich. Im Verlauf der Krise gab es vielfältige Beispiele praktischer Solidarität. Viele Prager beteiligten sich an der Versorgung der Flüchtlinge mit dem Notwendigsten und auch verbale Solidaritätsbekundungen waren die Regel. Dies war keineswegs selbstverständlich, denn trotz beinahe vierzig Jahren „verordneter" Freundschaft erfreuten sich die DDR-Deutschen in der ČSSR keineswegs großer Beliebtheit. Die Vorbehalte wegen der Rolle der DDR im Jahre 1968 saßen tief und auch historisch bedingte, antideutsche Gefühle, die die „guten" Deutschen aus dem sozialistischen Bruderland miteinbezogen, waren zumindest latent vorhanden. Aber auch als im Verlauf der Krise die vielen Menschen in den Straßen und die zurückgelassenen Autos der Flüchtlinge für die Prager zu einem Problem wurden, waren die meisten Menschen von den Ereignissen fasziniert und ließen sich wohl auch inspirieren. Vielleicht ist damals bei einigen der Mut gewachsen, der nötig war, um wenige Wochen später das eigene Regime hinwegzufegen. Allerdings gab es auch linientreue Genossen, die in den Flüchtlingen Verräter an der gemeinsamen sozialistischen Sache sahen und dies auch durch Beschimpfungen zum Ausdruck brachten. Schließlich soll nicht verschwiegen werden, daß die zurückgelassenen Autos von einigen als willkommene Ersatzteillager angesehen wurden, oder auch hier und da durch Auswechseln der Nummernschilder ein eigener alter Wagen gegen einen neueren Trabbi getauscht wurde.

Am 12. September 1989 erreichte das Flüchtlingsdrama einen ersten Höhepunkt. Zu diesem Zeitpunkt hielten sich 492 Flüchtlinge in der Botschaft auf. In mehrstündigen Gesprächen versuchten hochrangige Vertreter aus Bonn und Ostberlin, darunter der Rechtsanwalt Vogel, den Flüchtlingen deutlich zu machen, daß die Rückkehr in die DDR und die anschließende Ausreise in die Bundesrepublik Deutschland der einzig mögliche Weg zur Erreichung ihrer Ziele war. Für die Bonner Regierung waren dabei ausschließlich humanitäre Gründe maßgeblich, nachdem die tschechoslowakische Regierung klipp und klar erklärt hatte, daß sie dem Beispiel Ungarns nicht folgen werde. Die dortige Regierung hatte zwei Tage zuvor die unmittelbare Ausreise der DDR-Bürger – ohne Zustimmung der DDR-Führung – zugelassen, was innerhalb weniger Tage zu einem Exodus von 12.000 Menschen führte. Als deutlich wurde, daß damit auch ein Schlupfloch für die sich in der ČSSR aufhaltenden DDR-Bürger entstanden war, wurde die Grenze nach Ungarn von der ČSSR geschlossen. Die Vertreter der DDR, allen voran Rechtsanwalt Vogel, der seit längerem von der DDR-Führung mit der Lösung humanitärer „Probleme" betraut war, versicherte den Flüchtlingen, daß alle Personen, die sich früher, z.B. im Jahre 1984, in der Botschaft aufgehalten hatten und in die DDR zurückgekehrt seien, später legal ausreisen durften. Er könne mehr als nur die Zusage von Straffreiheit anbieten und werde persönlich das Hauptmandat aller Flüchtlinge in ihrer Ausreiseangelegenheit übernehmen. Am Nachmittag des 12. September verließen daraufhin viele Flüchtlinge die Botschaft, um in die DDR zurückzukehren. Zurück blieben 193 Personen, deren Durchschnittsalter 28 Jahre, einschließlich der 49 Kinder nur 22 Jahre betrug und deren weiteres Schicksal nun völlig ungewiß war.

Schon eine Woche später, am 19. September, kletterte die Zahl der Flüchtlinge in der Botschaft auf einen neuen Höchststand von 510 Personen. Hochrangige Kontakte mit der

Führung der ČSSR machten derweil deutlich, daß man in Prag keinerlei Bewegungsspielraum in Richtung auf eine humanitäre Lösung nach ungarischem Vorbild sah. Eine von Botschafter Huber am 20. September übergebene persönliche Botschaft von Außenminister Genscher an den tschechoslowakischen Ministerpräsidenten Adamec und den Generalsekretär der kommunistischen Partei Jakeš erbrachte nicht mehr als die Wiederholung der tschechischen Position, daß die Frage zwischen der Bundesrepublik Deutschland und der DDR zu lösen sei: *„Im übrigen werde die ČSSR aus humanitären Gründen hinsichtlich der Versorgungslage an der Botschaft, auch der ärztlichen Versorgung, weiterhin alles tun."*

Tatsächlich gab es kaum Behinderungen der zahlreichen Transporte von Betten, Zelten, Lebensmitteln, Medikamenten und anderen Versorgungsgütern, die von privaten Speditionen aus Beständen der Bundeswehr und des Roten Kreuzes von Bayern aus nach Prag gebracht wurden. Trotzdem wurde eine Lösung des Problems im Hinblick auf die immer unerträglicher werdenden Lebensumstände der Flüchtlinge, vor allem der Kinder, aus humanitären Gründen von Tag zu Tag drängender. Ein Gespräch von Außenminister Genscher mit seinem tschechoslowakischen Amtskollegen am 25. September 1989 am Rande der UN-Generalversammlung in New York brachte aber erneut keine Fortschritte. Am 27. September kamen nochmals Rechtsanwalt Vogel und hochrangige Vertreter der Bonner Regierung in die Botschaft nach Prag. Rechtsanwalt Vogel unterbreitete ein noch weitergehendes Angebot, indem er die positive Erledigung der Ausreiseanträge aller Zurückkehrenden innerhalb von sechs Monaten nach Rückkehr zusagte. Trotz dieser Zusage und der Versicherung der Regierungsvertreter aus Bonn, daß man die Einhaltung der Zusage genau überwachen werde, verließen nur relativ wenige Flüchtlinge die Botschaft. Ihre Plätze wurden sogleich von Neuankömmlingen eingenommen, so daß die Gesamtzahl weiter stieg.

Am 27. September um 14.00 Uhr befanden sich 1380 Flüchtlinge in der Botschaft. Am gleichen Tag traf sich Außenminister Genscher in New York bei einem Abendessen mit seinem DDR-Kollegen Fischer. Jetzt ging es um die direkte Ausreise der Flüchtlinge. Während Genscher empfahl, den Flüchtlingen in der DDR-Botschaft in Prag Visa für die Ausreise zu erteilen, mit denen sie direkt in die Bundesrepublik Deutschland fahren sollten, erläuterte Fischer seine Vorstellung von einer Ausreise in Zügen der Reichsbahn über das Gebiet der DDR. Ein Vorschlag, den er nach seiner Rückkehr aus New York, in einer Woche, der DDR-Führung in Ostberlin vorlegen wollte. Als das Abendessen der beiden Außenminister in New York zu Ende ging, war in Prag bereits der Morgen des 28. September angebrochen. Im Verlaufe dieses Tages überstieg die Zahl der Flüchtlinge in der Botschaft die 2500-Marke. Die hygienischen Zustände waren unerträglich geworden und der Ausbruch von Seuchen drohte. Damit war klar, daß eine Lösung nicht mehr Wochen und nicht einmal mehr Tage, sondern nur noch Stunden in Anspruch nehmen durfte. In intensiven Gesprächen mit seinen Kollegen aus der DDR, Polen und der Tschechoslowakischen Republik, vor allem aber mit dem sowjetischen Außenminister Schewardnadse sowie den Außenministern Frankreichs und der USA, Dumas und Baker versuchte Genscher in New York einen Durchbruch zu erzielen. Endlich, am 29. September, gegen 17.00 Uhr kam die erlösende Nachricht. Die DDR war bereit, ihre Bürger in die Bundesrepublik Deutschland ausreisen zu lassen, allerdings mit dem Umweg über das Staatsgebiet der DDR.

Am 30. September reisten Außenminister Hans-Dietrich Genscher und der Minister im Kanzleramt Rudolf Seiters nach Prag, wo um 18.58 Uhr Geschichte geschrieben wurde, als die erlösenden Worte von Hans-Dietrich Genscher:

„Wir sind zu Ihnen gekommen, um Ihnen mitzuteilen, daß heute ihre Ausreise möglich geworden ist" im Jubel der fast 4000 oder vielleicht auch mehr Flüchtlinge im Garten der Botschaft untergingen. Noch am selben Abend verließen die Flüchtlinge in Dutzenden, von der DDR-Botschaft eilig angemieteten Bussen das Palais Lobkowicz und fuhren in insgesamt sechs Zügen über das Staatsgebiet der DDR in die Freiheit.

Das Drama geht weiter

Schon am Nachmittag des 01. Oktober kamen wieder Flüchtlinge in die Botschaft. Zunächst wenige und dann ergoß sich ein stetig wachsender Strom durch das offene Tor in den Garten und die gerade erst verlassenen Unterkünfte innerhalb der Botschaft. In den frühen Morgenstunden des 3. Oktober mußte das Tor der Botschaft geschlossen werden, da mit fast 4000 Personen der Stand vom 30. September wieder erreicht war. Im Verlauf des Tages kletterten weitere 400 bis 500 Personen trotz sehr viel entschlossenerer Versuche der tschechoslowakischen Polizeibehörden, dies zu verhindern, über den Gartenzaun in die Botschaft. Mehr als 2000 Menschen warteten zu diesem Zeitpunkt vor dem Tor der Botschaft und in den umliegenden Straßen der Prager Kleinseite. Am nächsten Tag begann die zweite große Ausreiseaktion, durch die etwa 7600 Menschen über das Gebiet der DDR in die Bundesrepublik Deutschland gelangten.

Am 5. Oktober hob die DDR-Regierung die Visafreiheit im Reiseverkehr mit der ČSSR auf. DDR-Bürger, die dennoch illegal in die ČSSR einreisen wollten, wurden festgenommen und zurückgeschickt. Für kurze Zeit schien der Eiserne Vorhang wieder hochgezogen zu werden und Erinnerungen an die schlimmsten Zeiten des Kalten Krieges wurden wach. Auch in der Frage des Verbleibs der von den DDR-Flüchtlingen zurückgelassenen Autos demonstrierte die ČSSR Härte. Anders als die ungarischen Behörden, die die Autos an ihre Besitzer auslieferten, sofern die Transportkosten nicht den Wert der Fahrzeuge überstiegen, wurden die in Prag zurückgebliebenen Fahrzeuge in die DDR überführt. In der Begründung wurde von den tschechoslowakischen Behörden darauf verwiesen, daß auch dies ein deutsch-deutsches Problem sei und daß, da die Fahrzeuge in der DDR gemeldet seien, nur dort die genauen Eigentumsverhältnisse geklärt werden könnten.

Nach der Wiedereinführung der Visumspflicht für Reisen in die ČSSR kamen nur noch wenige DDR-Flüchtlinge in die Botschaft, von denen die meisten die DDR illegal verlassen hatten. Ihre Zahl belief sich am 17. Oktober auf 73. Für sie war jetzt, wenn überhaupt, nur noch die „Vogel-Lösung" möglich, d.h. Rückkehr in die DDR, Antrag auf Ausreise in die Bundesrepublik und mehrmonatige Wartezeit.

Während die tschechoslowakischen Behörden illegal eingereiste DDR-Bürger rücksichtslos verfolgen und in die DDR zurückschicken, beginnt in Warschau, wo in der deutschen Botschaft ebenfalls über Monate hinweg DDR-Bürger Zuflucht gesucht hatten, das letzte Kapitel des Dramas. Die polnischen Behörden wiesen illegal einreisende DDR-Bürger nicht länger zurück. In der westdeutschen Botschaft in Warschau hielten sich Mitte Oktober anders als in Prag bereits wieder 1500 Flüchtlinge auf und ihre Zahl wurde stündlich größer. Ab dem 15. 10. 1989 erhielten daraufhin die DDR-Bürger von der DDR-Botschaft in Warschau Ausreisepapiere, mit denen sie auf dem Luftweg direkt in die Bundesrepublik ausreisen konnten. Noch einmal dauerte es zehn Tage bis die DDR-Regierung sich am 25. Oktober bereit erklärte, dieses „Warschauer Verfahren“, das Außenminister Genscher schon Ende September in New York vorgeschlagen hatte, zumindest zeitweilig auch in Prag anzuwenden. Nachdem am 01. November auch die Visapflicht für Reisen in die ČSSR aufgehoben worden war, explodierte die Zahl der Flüchtlinge. Innerhalb von nur zwei Tagen kamen erneut mehr als 4000 DDR-Bürger in die Botschaft. In einer dritten großen Ausreisewelle, ab dem 03. 11. 1989, reisten dann nochmal Tausende – diesmal ohne Umweg – in die Bundesrepublik Deutschland aus. Viele kamen gar nicht mehr in die Botschaft, sondern wurden direkt am Bahnhof von Mitarbeitern der Botschaft betreut. Auch am 09. November warteten am Bahnhof in Prag noch etwa 400 DDR-Bürger auf ihre Ausreise. Es ist nicht bekannt, ob sie alle direkt in die Bundesrepublik ausgereist sind oder freiwillig über das Staatsgebiet der DDR nach Ostberlin zurückgekehrt sind, um dort über die Mauer zu klettern.

Die ČSSR-Behörden scheuen die Kameralinse

Die Prager Innenstadt ist von den Automobilen der flüchtenden DDR-Bürger verstopft

In der Bundesrepublik wird man sich neue Motorräder leisten können

Die zum Teil wild abgestellten Fahrzeuge werden von Abschleppdiensten entfernt

So mancher Kinderwagen aus DDR-Produktion bleibt in Prag zurück

Die Autoschlüssel der ausreisenden DDR-Bürger werden nicht mehr gebraucht

Die Botschaftsgeschichte

von Oldřich Tůma, Direktor des Institutes für Zeitgeschichte, Prag

„Beide Gesprächspartner unterstrichen den auf allen Gebieten der bilateralen Zusammenarbeit erreichten hohen Stand. Genosse Honecker hob dabei hervor, daß diese wahrhaft brüderlichen Beziehungen ihre tiefen Wurzeln im Kampf der Arbeiterbewegungen beider Länder haben. Unter den Bedingungen des Sozialismus sei es beiden Parteien und Staaten gelungen, diese Beziehungen zu vertiefen. Er erinnere sich stets an die Worte des Genossen Husák, daß die ČSSR froh sei, im Norden ein so brüderliches sozialistisches Land wie die DDR zum Nachbarn zu haben. Die gleichen Gefühle hegten die Kommunisten und das ganze Volk der DDR gegenüber der ČSSR. Die enge vertrauensvolle Zusammenarbeit zwischen beiden Parteien, Staaten und ihren Repräsentanten sei eine historische Errungenschaft und ein Zeichen dafür, wie sich die Welt verändert habe. Genosse Bilak stimmte der hohen Bewertung des bilateralen Verhältnisses zu und erklärte, daß sich die tschechoslowakischen Kommunisten die Welt ohne diese Freundschaft mit der SED und der DDR gar nicht vorstellen könnten. Sie seien gerade jetzt tatsächlich sehr froh, daß sie in Gestalt der DDR einen so stabilen und sich dynamisch entwickelnden Nachbarstaat haben."

Die Komplimente und Phrasen, die zu Beginn der Verhandlungen im November 1988 Erich Honecker und Vasil Bilak ausgetauscht haben, waren bei gegenseitigen Gesprächen hoher Repräsentanten der SED und KSČ nichts Außerordentliches. Die Bedeutung, die die beiden Staaten für einander gehabt haben, definierte Erich Honecker im März desselben Jahres beim Gespräch mit Miloš Jakeš ein wenig lapidarer, jedoch im gleichen Geiste: „Beide Staaten sind für einander die zweitwichtigsten Partner in der Zusammenarbeit."

Honecker, Bilak, Jakeš oder die anderen konnten sich 1988 kaum vorstellen, daß ihnen die Entwicklung bereits im nächsten Jahr recht geben wird, jedoch auf eine Weise, die sie wirklich nicht im Sinn gehabt haben. Die Entwicklung in der benachbarten DDR war im Oktober und November 1989 so dynamisch, daß sie auch auf die Stabilität des kommunistischen Regimes in der Tschechoslowakei nicht ohne Einfluß blieb. Es begann wirklich eine Welt ohne SED und DDR zu existieren, und Vasil Bilak konnte sich eine solche Welt sicher nicht einmal in den schwärzesten Träumen vorstellen. Der wichtigste äußere Faktor für den Zusammenbruch der kommunistischen Regime Osteuropas war natürlich die Entwicklung in der UdSSR unter Gorbatschow. Die Tschechoslowakei und die DDR waren zweifellos auch während dieses Prozesses für einander die zweitwichtigsten Partner.

Alle diese Zusammenhänge sind kein Zufall. Die Tschechoslowakei und die DDR standen sich wirklich in vieler Hinsicht relativ nahe – sie hatten eine ähnliche sozialökonomische Struktur, beide Regime wählten eine ähnliche Taktik zur Pazifizierung der eigenen Gesellschaft und wandten diese wenigstens mit Teilerfolgen lange an, in beiden Ländern existierte ein bestimmter, wenn auch nicht hoher, so doch wenigstens relativ stabiler Lebensstandard und eine ähnliche, auf Konsum orientierte Lebensweise. Aus der reichlichen deutschen historiographischen Produktion, die die ehemalige DDR betrifft, könnte man lange Passagen heranziehen, die beim Weglassen persönlicher, zeitlicher sowie örtlicher Angaben übernommen werden könnten und fast ohne Änderungen auf die damalige tschechoslowakische Wirklichkeit angewandt werden könnten. Auch der Zusammenbruch des kommunistischen Regimes in beiden Ländern war in seiner Art äußerst ähnlich, SED sowie KSČ traten erst infolge eines starken Drucks, mobilisiert von der Öffentlichkeit, zurück, in beiden Ländern hatten die Ereignisse ähnliche Dynamik und Verlauf und spielten sich darüberhinaus fast parallel ab.

Ein keinesfalls unbedeutender Teil des Zusammenbruchs der DDR spielte sich direkt in Prag ab (und um so mehr beeinflußte dies auch die tschechoslowakische Entwicklung). Das dramatische Ereignis der ostdeutschen Asylanten in der bundesdeutschen Botschaft in Prag und auch sein Höhepunkt in Gestalt der „Freiheitszüge“, die im September, Oktober und erneut im November Tausende von Flüchtlingen aus Prag in die BRD transportierten, wurde bereits unzählige Male beschrieben. Die Geschichte, die sich im „schönen Barockpalais auf der Kleinseite“ abspielt, ist ein Standardteil der Schilderung des Falls der SED sowie auch der DDR. Niemand hat allerdings bisher die tschechoslowakischen Dokumente ausgewertet, die mit diesem Ereignis in Zusammenhang stehen. Die Quellen tschechoslowakischer Provenienz ergänzen allerdings in vielen Punkten ganz wesentlich den gesamten Ablauf.

Es ist z.B. faszinierend, wie auch eine mehrzeilige Meldung eines Prager Polizisten vom 3. Oktober 1989 die Atmosphäre dieser Zeit evozieren konnte sowie den resoluten Entschluß der DDR-Bürger, die alte Welt zu verlassen, in der sie bis jetzt lebten: „ ... in der Straße Hládkov, Prag 6. Hier beobachtete ich die Bewegung einer unbekannten Person bei einem Fahrzeug, Fabrikmarke Trabant, internationales Kennzeichen der DDR (...). Bei der Personenüberprüfung stellte ich fest, daß es sich um folgenden Besitzer des Fahrzeugs handelt: L. D., Berlin (...). Dieser verschloß plötzlich das Fahrzeug und übergab mir die Schlüssel des Fahrzeugs, weil er diese nicht mehr brauche und es mir schenke. Ich sagte ihm, daß dies nicht geht, aber er schrieb etwas deutsches in den Ausweis ‚Zulassungsschein‘ und übergab mir alles mit der Bemerkung, daß dies in Ordnung sei. Drei Schlüssel und einen Ausweis ‚Zulassungsschein‘ übergab ich gemeinsam mit diesem amtlichen Vermerk dem ständigen Dienst der örtlichen Abteilung der Öffentlichen Sicherheit in Břevnov, Prag 6.“

Prag war allerdings nicht nur die Bühne der Geschichte mit den Flüchtlingen, sondern auch ein wichtiger Mitspieler, und gerade deshalb ermöglichen die tschechoslowakischen Dokumente einige Fragezeichen zu beseitigen und zu bestätigen, worüber bis jetzt oft nur hypothetisch nachgedacht wurde. Es scheint, daß in vier wichtigen Momenten Entscheidungen, die in Prag getroffen wurden, die weitere Entwicklung mit beeinflußt haben.

Dreimal (Ende September, Anfang Oktober und erneut Anfang November) stand man vor der Situation, daß das Lobkowicz-Palais mit Tausenden von DDR-Bürgern überfüllt war und die Lage im Laufe eines Tages oder vielleicht nur weniger Stunden zu einer humanitären Katastrophe zu führen drohte. In dieser Situation ging der Entscheidung in Ostberlin und der akzeptierten Lösung (im September und Oktober der Transport der Asylanten aus Prag über das Gebiet der DDR in die BRD, im November die Bewilligung der Ausreise aus der Tschechoslowakei unmittelbar in die BRD) eine bestimmte Initiative und ein zwar äußerst diskreter, aber dabei verhältnismäßig starker Druck aus Prag voraus. Initiativen zur Lösung der Situation und Druck kamen selbstverständlich auch von vielen anderen Seiten. Aber die Bundesregierung, der sowjetische Minister Schewardnadse durch Vermittlung des Prager Botschafters der UdSSR Lomakin und auch andere bemühten sich, in dieser gegebenen Lage vor allem die tschechoslowakischen Behörden dazu zu bewegen, der BRD Raum mit dem Rechtsstatus der Exterritorialität zu gewähren, in dem es möglich wäre, vorübergehend Asylanten unterzubringen. Dies haben die tschechoslowakischen Behörden entschieden zurückgewiesen, aber es scheint, daß gerade sie stattdessen mit einer Lösung kamen, die dann, ein wenig modifiziert, realisiert wurde. Der Gedanke des Transports der Flüchtlinge von der Prager Kleinseite über die DDR in die BRD (ein in seinen Folgen fataler Gedanke, denn gerade diese Lösung übertrug die offenen und massenhaften Kundgebungen der Unzufriedenheit auf das Territorium der DDR), so scheint es, entstand in der Beratung der Repräsentanten der KSČ-Führung und des tschechoslowakischen Ministeriums für Auswärtige Angelegenheiten am Morgen des 29. Semptember. Die Botschaft, abgesandt am selben Tag aus Prag nach Berlin, begann mit der Aufforderung: „Die DDR muß aktiver im Interesse der Lockerung der ganzen Problematik wirksam sein“ und endete mit dem Vorschlag: „Die DDR stellt Busse zur Vertretungsbehörde der BRD in Prag ab und transportiert ihre Bürger mit Reisedokumenten über das Gebiet der DDR zur Grenze der BRD, wo diese entlassen werden.“

Als am 30. September die DDR-Bürger auf diesem Wege (zwar mit der Bahn und nicht mit Bussen) wirklich nach Westdeutschland transportiert wurden, brachte dies lediglich für einige Stunden eine „Lockerung der Problematik“. Am 2. Oktober war das Lobkowicz-Palais abermals voll. Diesmal war der tschechoslowakische Druck auf eine rasche Lösung noch intensiver und mündete auch in der Forderung nach Schließung der Grenze der DDR. Dies erfolgte am 3. Oktober, und am nachfolgenden Tage verließen weitere Tausende von Asylanten Prag. Es folgten Unruhen in Dresden und die Lage in der DDR akzelerierte mit jedem Tag.

Als die neue, „Möchte-Gern-Perestrojka-Führung“ der DDR am 1. November die Grenze zur Tschechoslowakei wieder öffnete, wiederholte sich die Situation. Die bundesdeutsche Botschaft füllte sich nach dem bekannten Szenario rasch, die Tschechoslowakei forderte – diesmal fast ultimativ – eine Lösung. Dies ähnelte nun fast einer Resignation: Den DDR-Bürgern wurde die Ausreise nach Westen über das tschechoslowakische Gebiet direkt erlaubt ohne eine – sowieso formelle – Genehmigung ostdeutscher Behörden. Die Straßen füllten sich in Westböhmen mit Tausenden von Kraftwagen mit dem Kennzeichen der DDR, in Richtung der Grenzübergänge zur BRD, und bereits am 7. November protestierte die Tschechoslowakei erneut gegen die unhaltbare Lage. Diesmal unterstützte der sowjetische Botschafter in Ostberlin, Kotschemasow, die Tschechoslowakei durch seine Intervention. Diese Interventionen spielten sichtlich bei der schnellen, nicht koordinierten und nicht ausreichend durchdachten Annahme neuer Regeln über die Ausreise der DDR-Bürger ins Ausland sowie ihre vorzeitige Bekanntgabe auf der Pressekonferenz am Abend des 9. November eine gewisse Rolle. In der gleichen Nacht fiel auch die Berliner Mauer.

In den kritischen Augenblicken des Herbstes 1989 drang die Tschechoslowakei auf eine Lösung, die sich allerdings für das SED-Regime als schicksalhaft erwies und seine Probleme verschärfte. Warum hat zum Schluß die KSČ-Führung ihre „richtige prinzipielle Position“ verlassen, auf die sie sich lange bei allen Verhandlungen berief, das heißt, daß sie um jeden Preis die Verträge mit der DDR einhalten wird und auf keinen Fall eine ungarische Lösung zulassen wird? Jakeš und Co. wollten sicherlich nicht die Honecker-Führung schädigen, mit ihr verband sie eine wirklich aufrichtige Freundschaft und sie waren sich bewußt, wie wichtig die DDR, dieser fast letzte vorbehaltlose Verbündete, für die kommunistische Tschechoslowakei war. Zum Schluß war aber wirklich das „Hemd näher als der Rock“. Die KSČ-Führung hatte zum Sommerende genügend eigene Probleme und bemühte sich um jeden Preis, allem aus dem Wege zu gehen, was die ohnehin bereits häufigen, wenn auch noch nicht massenhaften Äußerungen einheimischer Unzufriedenheit sowie Kritik aus dem Ausland hätte intensivieren können. Für die Nervosität und Vorsicht der Prager Führung sind die Befürchtungen und die Unlust kennzeichnend, Polizeikräfte einzusetzen, die ein Eindringen der DDR-Bürger in die bundesdeutsche Botschaft verhindern würden. Technisch wäre dies nicht das geringste Problem gewesen, und einige Jahre oder möglicherweise auch Monate früher hätte Prag dies bestimmt ohne zu zögern getan, im September 1989 fürchtete es aber zu sehr die ungünstige internationale und auch einheimische Reaktion. Als Alibi forderte es deshalb wenigstens ein offizielles und öffentliches Ansuchen der DDR in dieser Richtung – als das deutsche Auswärtige Amt bereits wiederholt tschechoslowakische Vorschläge zum „Schutz des Areals der Botschaft“ nicht akzeptieren wollte. Aber auch als zum Schluß ein solches Alibi aus Ostberlin kam, dauerten die Polizeimaßnahmen, aufgenommen am 1. Oktober, nur einige Stunden und wurden nach Protesten aus Bonn wieder aufgehoben.

Das Herangehen der KSČ-Führung war demnach vor allem durch die eigene bereits fast prekäre Lage geformt, die Untätigkeit sowie das Zögern der SED-Führung irritierte Prag sichtlich, und bei aller Loyalität gegenüber der DDR wollte sie vor allem selber das unangenehme Problem loswerden. Daß der Druck auf Ostberlin stets von einer intensiven und scharfen propagandistischen Medienkampagne gegenüber Bonn sowie von ostentativer verbaler Solidarität mit der DDR begleitet wurde, änderte an den realen Folgen nur wenig. Man kann sagen, daß auch die Entwicklung in der Tschechoslowakei selbst sowie die schwierige Situation der geschwächten und nervösen Prager Führung Faktoren waren, die den Fall des kommunistischen Regimes in der DDR beeinflußt und beschleunigt haben.

Es ist offensichtlich, daß es hier zu einer Art synergetischem Effekt kam, und daß sich eine bestimmte Rückkopplung bildete: Die Lage in der Tschechoslowakei wirkte indirekt auf die Entwicklung in der DDR, und diese beeinflußte im Oktober und November wesentlich die Verhältnisse in der Tschechoslowakei. Die Reihen verlassener Kraftwagen mit dem Kennzeichen der DDR entlang den Prager Straßen symbolisierten den Massen-Exodus der Bürger als äußerst wesentlichen Faktor, der an der Änderung der sozialpsychologischen Lage in der Tschechoslowakei und in Prag besonders beteiligt war. Sie waren Zeuge von etwas Starkem und Elementarem, so etwas wie Überreste nach einer Naturkatastrophe, einem Erdbeben oder etwas ähnlichem. Gestärkt wurde die Ahnung, daß sich etwas Wesentliches ändern wird und etwas Großes unabwendbar erlischt – eine Rolle spielte allerdings eher die Ebene des Unterbewußten sowie der Emotionen, als durchdachte Überlegungen. Einige Tage später sollten die Fernsehnachrichten, die täglich Aufnahmen über Massenversammlungen in den Städten Ostdeutschlands und selbstverständlich faszinierende Bilder des Falls der Berliner Mauer brachten, auf die tschechoslowakische Öffentlichkeit einen unbezweifelbaren mobilisierenden Einfluß ausüben. Aber nicht nur das. Auch im Studentenmilieu, das bei der Samtenen Revolution in der Tschechoslowakei eine so bedeutsame Rolle spielte, gab es viele Kontakte mit der DDR. Einige der Führer des Studentenstreiks im November führen z.B. an, daß sie im Oktober und November in die DDR fuhren, sich an Demonstrationen beteiligten und dadurch stark beeinflußt wurden. Sogar einige der Organisatoren der Prager Demonstration am 17. November, die zum Schluß der ersehnte Detonator wurde, der den Bau des kommunistischen Regimes auch in der Tschechoslowakei niederriß, erinnern sich, daß sie bei der Organisation dieser Aktion bewußt die Erfahrungen und Ratschläge anwandten, die sie frisch aus der DDR mitgebracht hatten.

Die tschechische und die deutsche Geschichte haben einander im Zwanzigsten Jahrhundert oftmals durchdrungen, oft auf äußerst tragische Weise für beide Nationen.

Die fast parallel verlaufende und gemeinsam bedingte Demontage der kommunistischen Regime beider Staaten im Herbst 1989 gehört allerdings zweifellos zu den glücklichen Augenblicken, die im geschichtlichen Gedächtnis beider Völker die gleiche positive Bewertung haben und haben werden.

Die Flucht als romantisches Erlebnis für manche Jugendliche

Hermann Huber, Botschafter der Bundesrepublik in Prag von November 1988 bis August 1992

DDR-Flüchtlinge in der Deutschen Botschaft Prag

von Hermann Huber, Deutscher Botschafter a. D. in der ČSSR

Eine historische Aufarbeitung der Ereignisse, die zur deutschen Wiedervereinigung geführt haben, wird die dramatischen Vorgänge im Spätsommer und Herbst des Jahres 1989 in Prag nicht außer Acht lassen können, als Tausende von Flüchtlingen aus der DDR Zuflucht in der Botschaft der Bundesrepublik Deutschland suchten. Der im August 1989 plötzlich einsetzende Ansturm auf die Botschaft war nicht nur von der Dimension her ein Novum, sondern stellte auch qualitativ eine völlig neue Situation dar, mit der es galt, sich auseinanderzusetzen. Sie kumulierte schließlich am 3. November 1989 in einer Ausreiseregelung, die den eisernen Vorhang und die Berliner Mauer obsolet werden ließ. Dieses Faktum scheint mir in bisherigen Dokumentationen zur deutschen Einigung zumindest unterrepräsentiert, soweit es überhaupt Erwähnung findet.

DDR-Flüchtlinge hat es in unserer Prager Botschaft immer gegeben, seit wir das Palais Lobkowicz bezogen hatten. Vor meinem Dienstantritt als Botschafter in der ČSSR im November 1988 wurde ich mit diesem Umstand in Bonn vertraut gemacht. Im übrigen führte mich eine Dienstreise schon im Dezember 1984 nach Prag, als die Botschaft bereits einmal eine größere Welle von Flüchtlingen – es waren bei meiner Ankunft etwa 160 – zu versorgen hatte. Das Problem war mir also nicht fremd. Im Bundesministerium für innerdeutsche Beziehungen (BMB) war ich auch in die Geheimnisse des Freikaufs und die Rolle eingeweiht worden, die Rechtsanwalt Dr. Vogel in diesem Zusammenhang spielte.

Als ich am 17. Dezember 1988 dem damaligen Staatspräsidenten Husák mein Beglaubigungsschreiben überreichte, gab es keine DDR-Flüchtlinge in der Botschaft. Erst im Februar und März 1989 stellten sich die ersten Zufluchtsuchenden ein, die entweder über den rückwärtigen Botschaftszaun auf unser Gelände gekommen waren, oder denen es auf andere Weise gelang, die strenge Wache der tschechoslowakischen Miliz zu überlisten, die jeden Besucher kontrollierte. Wir brachten sie im Dachgeschoß der Botschaft unter, das als Notquartier ausgebaut worden war, versorgten sie mit Lebensmitteln und schalteten, wie üblich, das BMB ein.

In den folgenden Monaten bewegte sich die Zahl der Zufluchtsuchenden, die sich gleichzeitig in der Botschaft aufhielten, zwischen etwa fünf und dreißig Personen, je nachdem wie schnell und gut die Verhandlungen zwischen BMB und Rechtsanwalt Vogel liefen. Im einzelnen bedeutete dies für die Flüchtlinge, daß sie, versehen mit gewissen Zusagen von Vogel, die Rückreise in die DDR antraten und dort einen regulären Ausreiseantrag stellen konnten, der ihnen in der Regel die Ausreise in die Bundesrepublik nach mehreren Monaten ermöglichte. Keine Ausreisegenehmigung erhielten Straftäter nach DDR-Recht und Personen, die sich durch die Flucht der Wehrpflicht entziehen wollten. Gleiches galt für sogenannte Geheimnisträger.

Da es uns richtig und wichtig erschien, die čsl. Behörden in gewissem Umfang einzubinden, unterrichteten wir den Leiter der im Außenministerium für uns zuständigen Abteilung von Zeit zu Zeit über die Anzahl der Zufluchtsuchenden in der Botschaft, ohne freilich Namen zu nennen. Dies fiel uns um so leichter, als wir überzeugt sein konnten, daß unsere Mitteilungen für das Außenministerium keine Überraschungen enthielten.

Mit dieser Situation, d. h. einer ständig wechselnden Anzahl von Zufluchtsuchenden, die sich aber im Rahmen dessen hielt, was wir mit Bordmitteln gut bewältigen konnten, mußten wir leben.

Das eigentliche „Flüchtlingsdrama“ begann Mitte August 1989.

Am 17. August erhielt ich in der Schweiz, wo ich meinen Urlaub verbrachte, einen Anruf vom Auswärtigen Amt und die Weisung, möglichst umgehend nach Prag zurückzukehren, da sich in der Botschaft etwa 70 Flüchtlinge aus der DDR aufhielten. Die Tendenz sei steigend.

In der Tat waren es bei meinem Eintreffen, zwei Tage später bereits 123 Personen, die offenbar ohne allzu große Schwierigkeiten den Botschaftszaun überwunden hatten. Dies war erstaunlich und stand in gewissem Gegensatz zu dem, was wir von früher gewohnt waren. Offensichtlich waren die strengen Anweisungen der čsl. Miliz gelockert worden.

Wie war das möglich geworden? Um die geänderte Situation zu verstehen, muß man sich die politische Lage vergegenwärtigen, in der sich das Prager Regime damals befand:

Glasnost und Perestroika hatten die Führung unter Husák und dann Jakeš zutiefst verunsichert, im Volk besaß die Führung längst kein Vertrauen mehr. Seit 1968 hatte sich die Mehrheit der Tschechen und Slowaken in eine Art innere Emigration zurückgezogen. Rund 500.000 Parteiausschlüsse hatten nach dem Prager Frühling für etwa 2 Millionen Menschen sozialen Abstieg und nicht selten finanzielle Not bedeutet. Dieses Potential stellte für das Regime ein ständiges Trauma dar.

Im Januar 1977 war die sog. Charta 77 ins Leben gerufen worden, deren Anhänger zwar scharf verfolgt wurden – Präsident Havel saß bekanntlich insgesamt mehr als 5 Jahre im Gefängnis – die man aber aufgrund ihrer flexiblen Strukturen und auch wegen des internationalen Prestiges ihrer Anhänger nicht eliminieren konnte.

Nach dem Besuch Gorbatschows im April 1987 zeigte sich ein leichtes Nachlassen des inneren Drucks. Es gab zwar noch genügend administrative Schikanen, um die Bevölkerung gefügig zu machen. Aber es zeigte sich auch, daß die Führung in eine gewisse Orientierungslosigkeit verfiel, weil offenbar die Moskauer Direktiven ausblieben. Ein enger Schulterschluß mit der DDR, die man im Grunde nicht schätzte, lag in dieser Situation nahe und zeigte sich später auch bei der politischen Handhabung des deutschen Flüchtlingsproblems. Die dabei allerdings auffällige tschechoslowakische Inkonsequenz war wohl eine Folge des Versuchs, einerseits die sozialistische Solidarität mit der DDR zu demonstrieren, andererseits aber auch die guten, vor allem wirtschaftlichen Beziehungen zur Bundesrepublik nicht zu gefährden.

Soweit also in kurzen Worten das politische Umfeld, in dem sich das sicher größte Flüchtlingsproblem zusammenbraute, das eine deutsche Botschaft bisher erlebte und das, wie ich meine, nicht unwesentlich zur Destabilisierung der DDR beitrug und ihren Zusammenbruch mitverursachte.

Mit dem plötzlich erfolgten rapiden Anstieg der täglichen Neuzugänge – die Zahlen bewegten sich zwischen 20 und 50 Flüchtlingen – war uns klar geworden, daß die uns bislang bekannten logistischen Probleme eine völlig neue Dimension angenommen hatten. Von den Zufluchtsuchenden wußten wir, daß man in der DDR die Furcht hegte, Honecker würde nach den für Herbst anstehenden Feierlichkeiten zum 40. Jahrestag der DDR die Grenzen auch zur ČSSR schließen, – dem einzigen Land in das DDR-Bürger ohne Visum reisen durften. Unter diesen Umständen mußten wir uns auf noch wesentlich höhere Flüchtlingszahlen einrichten.

Auf Weisung des Auswärtigen Amts wurde die Botschaft am 23. August für den Publikumsverkehr geschlossen. Diese Maßnahme versuchten die tschechoslowakischen Behörden sogleich gegen uns zu verwenden, indem sie anzweifelten, daß die Botschaft noch funktionsfähig sei. Die Absicht, die hinter solchen Schachzügen steckte, war evident. Wir beeilten uns daher, für unsere Konsularabteilung Ausweichquartiere in einem Hotel einzurichten.

Sodann wurde die dadurch freigewordene Orangerie der Botschaft in Schlaf- und Aufenthaltsräume für die Flüchtlinge umfunktioniert. Am 24. August erteilte mir Minister Genscher die Weisung, Zelte und zusätzliche sanitäre Anlagen im Park aufzustellen. Beides hatte die Botschaft bereits angefordert, so daß wir schon am 25. August sechs große Zelte aufstellen konnten, in denen zunächst 60 Flüchtlinge bequem Platz fanden. Eines dieser Zelte diente als Schulzelt. Meine Frau kaufte in Weiden in der benachbarten Oberpfalz Schultüten, so daß wir pünktlich am 1. September die Erstkläßler „einschulen" konnten. Unterricht erteilten als Lehrerinnen ausgebildete Ehefrauen von Botschaftsangehörigen.

Aber nicht nur für solche Tätigkeiten wurden die Ehefrauen um Mithilfe gebeten: Täglich mußten weit mehr als 1000 Visa erteilt werden. Je enger der Platz in der Botschaft wurde desto schwieriger gestaltete sich diese Arbeit. Also erklärten sich viele Ehefrauen bereit, die Arbeit zuhause zu erledigen und dann die Pässe täglich zur Unterschrift in die Botschaft zu bringen. Meine Frau brachte es täglich auf bis zu 200 eingeklebte Visa. Die Solidarität aller Botschaftsbediensteten und ihrer Familien war in diesen schwierigen Tagen eines meiner großen Erlebnisse.

Wir begannen nun in erweitertem Umfang Bestellungen von Lebensmitteln, Büchsen aller Art Kaffee, Tee und dergl., zu tätigen. Dabei war uns klar geworden, daß bei weiter steigender Tendenz unsere bisher praktizierten Versorgungsmodalitäten nicht beibehalten werden konnten. Noch immer kauften nämlich Ehefrauen, Kolleginnen und Kollegen frische Lebensmittel in Prag, die wir lediglich zum Teil durch Nudeln etc. aus der Bundesrepublik ergänzten. Der Botschaftsbus fuhr jetzt allerdings täglich nach Furth im Wald, wo wir vor allem Gemüse, Unmengen von Bananen, Sportgeräte, Spielsachen und ähnliches einkauften.

Straßenszene: Die große Flucht als Happening

Auf dem Vorplatz der Deutschen Botschaft

„Letztes Essen vor McDonalds?" .

Ein Hauch von Woodstock

Auch in der Bundesrepublik war inzwischen natürlich unsere Situation bekannt geworden. Zahllose Päckchen mit Schokolade, Spielsachen, Büchern usw. wurden uns über unsere Adresse in Furth im Wald zugesandt. Noch hatte jedes Zelt seinen eigenen Elektrokocher, auf dem die unterschiedlichsten Mahlzeiten gekocht wurden. Dies führte zu einer Art Kochwettbewerb zwischen den Zelten und diente der Ablenkung. Gelegentlich mußte ich Schiedsrichter spielen.

Mehr und mehr zeigte sich die qualitative Änderung in der Zusammensetzung der Flüchtlinge. Während früher bei vielen die Bereitschaft bestand, gegen Zusagen von Rechtsanwalt Vogel die Botschaft zu verlassen, zeigte sich jetzt mehr und mehr eine militante Haltung, die darauf abzielte, das DDR-Regime zu Zugeständnissen zu zwingen. Sie wollten unmittelbar in die Bundesrepublik ausreisen. Da sich nichts in dieser Hinsicht bewegte, drohten einige mit Hungerstreik. In aller Höflichkeit entschuldigten sich die Flüchtlinge bei mir, daß sie mir dies antun müßten, aber sie wollten auf diese Weise die Weltöffentlichkeit auf ihr Schicksal aufmerksam machen. Der Zeitpunkt der Leipziger Messe scheine ihnen geeignet zu sein. Es gelang mir nach langer Diskussion, sie von ihrem Vorhaben abzubringen. Aber ich war mir natürlich über die Brisanz der sich immer mehr zuspitzenden Situation im klaren.

Anfang September schlug das Wetter um, es regnete in Strömen und der Botschaftspark verwandelte sich in eine Schlammwüste. Über die in jeder Hinsicht sehr hilfreiche Standortverwaltung der Bundeswehr in Weiden erhielten wir durch Vermittlung unseres Militärattachés Munitionspaletten, die wir als Zeltböden nutzten. Auch Lebensmittel aller Art, Schlafsäcke und warme Kleidung kamen auf diesem Weg. Natürlich konnte all das nur in zivilen Lastwagen transportiert werden, die jedoch niemals Probleme hatten, die Grenze zu überqueren.

Am 11. 9. 1989 melde ich dem Auswärtigen Amt 434 Zufluchtsuchende. Der bevorstehende Besuch von RA Vogel wird mit einer gewissen Spannung erwartet. Er traf am 12. September mit seiner Frau, Rechtsanwalt Dr. Gregor Gysi und einem weiteren Anwalt aus der DDR in der Botschaft ein. In dem dreistündigen Gespräch mit den Flüchtlingen erweiterte Vogel seine bisherigen Zusagen um wesentliche Punkte, bestand jedoch weiterhin auf Rückkehr in die DDR, zur Bearbeitung der jeweiligen Ausreiseanträge.

Auf der Grundlage dieser Zusagen verließen etwa 280 Personen die Botschaft. Rund 170 weigerten sich, das Angebot von Vogel zu akzeptieren. Ihr Durchschnittsalter betrug etwa 28 Jahre.

Nun hatten wir wieder etwas Luft. Allerdings währte dieser Zustand nur kurze Zeit. Am 24. September waren schon wieder 865 Personen in der Botschaft. Wir räumten weitere Büros, entfernten Sträucher im Park, Schulunterricht konnte nur noch in reduziertem Maß für die 1. und 2. Klasse erteilt werden. Die Stimmungslage verschlechterte sich von Tag zu Tag. Immer wieder mußte ich auch eingreifen, wenn Flüchtlinge glaubten, ein Mitglied der Stasi im Lager enttarnt zu haben. Auf Dauer war auch die im Interesse der Flüchtlinge bisher verfolgte restriktive Pressepolitik nicht mehr durchzuhalten.

Ständig beim Außenministerium durchgeführte Demarchen, auch um Ausweichquartiere zu erhalten, führten zu keinem Ergebnis. Man bot uns nur an, die Zugänge verschärft zu bewachen, was wir natürlich sofort zurückwiesen. Im übrigen zeigte sich eine gewisse Hilflosigkeit. Man wisse schon, daß man am Ende im Regen stehe und sei nicht bereit, die deutsch-deutsche Suppe auszulöffeln.

Inzwischen hatten wir Unterstützung durch das Deutsche Rote Kreuz erhalten. Die Botschaft war bei der ständig ansteigenden Zahl von Flüchtlingen schlicht überfordert, die Versorgung mit Bordmitteln zu garantieren. Die Zusammenarbeit mit dem DRK war hervorragend. Die Einsatzleiterin Frau Schroeder, selbst Vorsitzende der DRK-Sektion Schleswig-Holstein, sprach alle Fragen von Bedeutung mit mir ab. Sie war buchstäblich Tag und Nacht auf den Beinen. Ich fürchtete oft, daß sie die Strapazen physisch auf Dauer nicht durchstehen würde. Natürlich hatte das DRK Ärzte mitgebracht, auch vom Gesundheitsdienst des Auswärtigen Amts wurde ein Arzt entsandt, schließlich gab es auch unter den Flüchtlingen einige Ärzte. Dennoch wurde die Lage kritisch, als eine Frau in die Wehen kam und sich herausstellte, daß niemand Geburtshilfe leisten konnte. Wir brachten die Frau endlich dazu, ihrem Transport in eine Klinik zuzustimmen. Von dort aus durfte sie dann wieder zurückkehren und konnte mit ihrem Baby über Berlin-Schönefeld in die Bundesrepublik ausreisen, nachdem sie die Ausreise am 30. September mit einem der Züge versäumt hatte. RA Vogel organisierte diese unbürokratische Hilfe.

Als Vogel am 26. September wieder in die Botschaft kommt, um die Flüchtlinge mit erneut aufgebesserten Angeboten zur Rückkehr in die DDR zu bewegen, schlägt ihm eine Woge eisiger Feindseligkeit entgegen. Er wird teilweise regelrecht ausgepfiffen und merkt, daß sich die Situation in den vergangenen zwei Wochen grundlegend geändert hatte. Die Zahl derer, die sich zur Rückkehr überreden lassen, ist bei weitem geringer, als die Zahl der weiter zuströmenden Flüchtlinge, die jetzt bereits 1600 überschreitet. Bei uns steigt die Ratlosigkeit. Auch unter den Flüchtlingen zeigt sich wachsender Unmut, der sich in Protestaktionen verschiedener Art manifestiert. So rasierten sich alle Männer von Zelt 16 die Haare ab und bewiesen auf diese nicht gerade wirksame Art ihre Unzufriedenheit mit der Politik der čsl. Behörden.

Jedenfalls wirkten die Glatzköpfe recht martialisch, und als dann auch noch etwa 20 lange Brotmesser verschwunden waren, hielten einige meiner Mitarbeiter dies nicht mehr für eine vertrauensbildende Maßnahme. Sie rieten mir ab, künftig allein und so oft wie bisher ins Zeltlager zu gehen, weil sie eine mögliche Geiselnahme befürchteten. Diesen Rat konnte ich natürlich nicht befolgen, denn gerade meine Besuche im Lager dienten ja der Aufrechterhaltung der Stimmung und auch als Blitzableiter für viele, die bei mir über die Verhältnisse in der DDR schimpfen, oder sich ganz einfach über ihre Zukunft in der Bundesrepublik unterhalten wollten. Dabei wurde immer wieder deutlich wie erstaunt sie darüber waren, daß ein Botschafter mit ihnen wie ein normaler Mensch redete. So etwas, meinten sie, hätte es in ihrem Arbeiter- und Bauernstaat niemals gegeben.

Die Brotmesser sammelten wir übrigens nach kurzer Zeit wieder ein. Einige hatten diese Messer einfach in der Überzeugung behalten, daß man so etwas immer mal brauchen könne, eben, um Brot zu schneiden.

Mit steigender Zahl der Flüchtlinge war naturgemäß eine gewisse Anonymität eingetreten. Das persönliche Verhältnis, das wir zu den ersten Flüchtlingen noch hatten, ließ sich so nicht auf alle ausdehnen. Vorbei waren die Zeiten, wo man noch seinen Speisezettel in jedem Zelt bestimmte, Essen gab es nur noch aus der Feldküche, die Nächte wurden kälter, die Wartezeiten vor den 12 Toiletten wurden länger und die Schlafgelegenheiten wurden enger. Vor allem aber: es zeichnete sich noch immer keine Lösung ab.

Es begann die Phase erfolgloser Versuche, ein Ausweichquartier unter diplomatischem Schutz von der čsl. Regierung zu erhalten. Ein Besuch von Staatssekretär Sudhoff bei seinem Counterpart im čsl. Außenministerium blieb ebenso erfolglos wie alle übrigen Demarchen.

Langsam wurde uns in der Botschaft klar, daß es nicht mehr darum gehe, wie wir verhindern konnten, daß die Botschaft überquelle, sondern daß gerade der durch den Zustrom der Flüchtlinge erzeugte Überdruck ein sehr viel größeres geschichtliches Rad in Bewegung setzen könnte. Mit anderen Worten: es ging nur darum, durchzuhalten.

Inzwischen hatte in New York am Rande der UN-Vollversammlung eine fieberhafte politische Aktivität eingesetzt. Außenminister Genscher gelingt es schließlich, vor allem mit Unterstützung des sowjetischen Außenministers Schewardnadse, eine Lösung für das Flüchtlingsdrama zu erreichen, der auch die DDR zustimmen kann.

In Prag wissen wir von all dem noch nichts. Bei uns steigt inzwischen die Zahl der Zufluchtsuchenden rapide weiter an. Schon sind sämtliche Stufen des großen Treppenhauses belegt. Jeweils zwei Personen schlafen auf einer Treppe.

Am 29. September erfährt unsere Delegation in New York, daß die DDR am 30. September einer Lösung entsprechend Genschers Vorschlag zustimmen will. Die Delegation fliegt noch am selben Tag zurück nach Bonn, kommt dort am 30. September um 8.00 Uhr an und fliegt um 16.00 Uhr weiter nach Prag. Jetzt erfahren auch wir, daß sich etwas bewegt. Ich hole den Minister vom Flughafen ab. Um 18.30 Uhr treffen wir in der Botschaft ein. Wir bahnen uns einen Weg in meine Wohnung im obersten Stockwerk. Um 18.58 betritt der Minister den Balkon des mit Stockbetten vollen Kuppelsaals. Von dort spricht er zu den Flüchtlingen: „Liebe Landsleute, wir sind heute zu Ihnen gekommen, um Ihnen mitzuteilen, daß heute Ihre Ausreise in die Bundesrepublik Deutschland möglich geworden ist." Der Jubel der ca. 4000 Menschen im Park ist unbeschreiblich. Genscher wird später seine Erinnerungen mit dem Satz beginnen: „Die Stunden in der deutschen Botschaft in Prag am 30. September 1989 gehören zu den bewegendsten meines Lebens."

Wenig später beginnt bereits der Abzug der ersten Flüchtlinge zu den Bussen, die von der Botschaft der DDR bereitgestellt worden waren. Die Flüchtlinge sind überglücklich. Die Züge werden von hohen Beamten des Auswärtigen Amts, von Staatssekretär Priesnitz vom BMB und von Botschaftsangehörigen begleitet. Am nächsten Morgen um 7.00 Uhr verläßt der letzte Zug Prag. Ich bin die ganze Nacht auf den verschiedenen Bahnsteigen.

Um 8.00 Uhr lege ich mich schlafen. Schon lange weiß ich nicht mehr, was das eigentlich ist, Schlaf. Aber schon um 10.00 Uhr stehe ich wieder auf und schaue mir den Hof, den Park, das Gebäude an. Eine gespenstische Stille liegt über dem infernalischen Chaos, das sich mir darbietet. Irgendwie fehlten mir die Flüchtlinge, aber das ist sicher schwer zu verstehen. Es war vielleicht auch die innere Leere, die man nach all den Wochen der Anspannung fühlte. DRK-Helfer laden meine Frau und mich ein, im Hof mit ihnen eine Gulaschsuppe zu essen. Wir waren dankbar dafür. Sie hatten wohl unsere seelische Verfassung bemerkt.

Gegen Mittag hatten sich schon wieder an die 200 Menschen vor dem Tor der Botschaft versammelt und begehrten Einlaß. Sie waren zu spät für die Ausreiseaktion gekommen. Nach Rücksprache mit dem AA versuchte ich ihnen klarzumachen, daß sich diese außergewöhnliche Ausreise wohl nicht wiederholen ließe.

Gegen 17.00 Uhr öffnete ich das Tor und die inzwischen 300 Menschen stürmten an mir vorbei in den Park. In Kürze hatten sie aus dem Chaos wieder ein ordentliches Zeltlager gemacht.

Am Abend des nächsten Tages meldete ich bereits 1622 und am 3. Oktober 3800 bis 4000 Flüchtlinge. Dieser zweite Akt des Dramas dauerte nur bis zum 4. Oktober, war in seinem Ablauf allerdings fast schwieriger zu handhaben, als die erste Welle. Die Flüchtlinge strömten von allen Seiten in die Botschaft. Wir konnten kaum mehr zählen. Als ich in der Nacht vom 2. auf den 3. Oktober die Weisung erhielt, die Botschaftspforte definitiv zu schließen, waren über 5000 Menschen in der Botschaft und im Park und über 2000 noch auf dem Vorplatz. Gegen 16.30 Uhr am 3. Oktober habe ich gegen den dringenden Rat der Ärzte beschlossen, das Tor noch einmal für Frauen und Kinder zu öffnen, da die Temperaturen inzwischen empfindlich gefallen waren. 600 Frauen und Kinder strömten daraufhin auf das völlig überfüllte Terrain. Ich mußte sie im Heizungskeller unterbringen, dem einzigen verbliebenen Raum.

Als die Ausreise dieser Menschen schließlich am 4. Oktober um 18.30 Uhr begann, waren die hygienischen Verhältnisse katastrophal geworden. Versorgung und Entsorgung waren kaum mehr möglich. Dennoch: es war zu keinerlei Panik gekommen. Die Zusammenarbeit auch mit der Botschaft der DDR und den Sicherheitskräften der ČSSR war pragmatisch und effizient. Die Weltpresse hat diese zweite Ausreiseaktion kaum zur Kenntnis genommen.

Nach Abschluß dieser Aktion führte die DDR Visumspflicht für Reisen in die Tschechoslowakei ein. Der Flüchtlingsstrom war damit gestoppt. Es kamen nur noch wenige Personen über die grüne Grenze. Sie konnten am 28. 10. 1989, versehen mit legalen Ausreisepapieren der DDR-Botschaft in Prag in einem Bus oder eigenen Fahrzeugen die Grenze zur Bundesrepublik überschreiten. Ich begleitete diesen Konvoi bis Waidhaus und fuhr dann mit meiner Frau weiter, in die vom Auswärtigen Amt genehmigte Fortsetzung meines Urlaubs vom August. Die Geschäfte der nunmehr leeren Botschaft übertrug ich meinem Ständigen Vertreter Dr. Armin Hiller.

Am 1. November 1989 hob die DDR den Visumszwang für Reisen in die ČSSR wieder auf. Sofort schwoll der Strom von Zufluchtsuchenden in der Botschaft wieder an und war schließlich kaum mehr zu kontrollieren. Schon am 3. November nachmittags waren mehr als 5000 Personen auf dem Botschaftsgelände. Hiller versuchte, wie wir schon früher in Demarchen, wenigstens vorläufig eine sog. Turnhallenlösung durchzusetzen. Dazu kam es nicht mehr. Man bedeutete ihm im Außenministerium, daß alle politischen Instanzen pausenlos tagten. Es gehe darum, gemeinsam mit Moskau und Pankow eine Linie in der Flüchtlingsfrage abzustimmen.

Um 21.00 Uhr des 3. November wurde er zu dem erbetenen Termin zum stellvertretenden Außenminister der ČSSR gerufen. Das Gespräch sowie sein Ergebnis waren kurz. Die Menschen in unserer Botschaft konnten direkt ohne Umweg von Prag in die Bundesrepublik ausreisen. Die Gesprächsatmosphäre – so Hiller später – sei eisig gewesen.

Noch in der selben Nacht verkündete er vom „Genscher Balkon“ aus diese unkonditionierte Ausreise-Entscheidung, nicht, ohne auf ihre historische Dimension hinzuweisen. Einige reisten sofort ab. Es genügten ihre DDR-Personalausweise oder ein Paß zum Grenzübertritt. Eine spätere Wiedereinreise in die DDR war gewährleistet. Während der nächsten Tage (bis zum 9. November 1989) reisten täglich zwischen 2000 und 4000 Personen aus. Der Schwerpunkt der Aufgaben der Botschaft lag nunmehr am Prager Hauptbahnhof.

Die am 3. November verkündete und sofort in Kraft getretene Ausreiseregelung hatte rechtlich und politisch eine fundamental neue Qualität. Wer die DDR verlassen wollte stieg einfach in einen Zug nach Prag und wurde dort von Botschaftspersonal in bereitstehende Züge umdirigiert, die ihn unbelästigt in die Bundesrepublik brachten. Es gab also für DDR-Bürger keinen eisernen Vorhang und keine Mauer mehr. Es gab nur noch den Umweg über Prag.

Hans-Dietrich Genscher spricht in seinen Erinnerungen von dem Flüchtlingsstrom als einem politischen Urstrom, der von Prag, der europäischsten aller europäischen Städte seinen Ausgang genommen hat.

Miloš Forman zwischen DDR-Bürgern vor der Botschaft

Mit halbherzigen Straßensperren reagieren die ČSSR-Behörden auf die Massenflucht der DDR-Bürger

Immer mehr Menschen warten vor verschlossenen Türen

Nicht auf dem Bürgersteig stehen bleiben

von Petr Pithart, Stellvertretender Vorsitzender des Senates des Parlamentes der ČR

Es gibt Ereignisse, deren Bedeutung der Historiker kaum beschreiben, erklären, messen kann.

Es ist in der Tat sehr schwierig zu beweisen, daß der Massenexodus der „DDRler" via Prag in die Bundesrepublik Deutschland plötzlich die Atmosphäre zumindest in Prag dadurch verändert hat, daß er in das Denken der Prager einen gefährlichen Gedanken sehr bestimmter Gestalt gesät hat. Gefährlich für die Macht, der damals die Stunde schlug, obwohl nur wenige dies hörten.

Der Historiker ist hier ein wenig ratlos, weil dieses erstrangige Ereignis von einem eigentlich monotonen und für uns Prager stummen, dabei aber höchst dramatischen mehrtägigen Strom einzelner „kleiner" Geschehnisse konkreter Menschen gebildet wurde, die sich entschlossen hatten, ihr Schicksal in die eigenen Hände zu nehmen. Menschen, die wir Prager nicht einmal persönlich kennenlernen konnten. Menschen, die an uns, die wir als Zuschauer auf dem Bürgersteig standen, vorbeigingen, vorbeiliefen, die es aber schafften, in unser Leben einzutreten.

Wir befanden uns damals wirklich wie im Theater: Auf der Bühne spielt sich ein mitreißendes antikes Drama ab, es geht darin um alles, um die Wahrheit, die Freiheit, vielleicht auch um das Leben, und wir schauen aus unmittelbarer Nähe nur zu, zerknüllen verlegen eine Bonbontüte in unseren Händen und überlegen, in welcher Tasche wir den Garderobenzettel haben. Aus dem Drama, das weitergehen wird, gehen wir nämlich bald nach Hause.

Ich bezeuge, daß gerade aus dieser kaum erträglichen Spannung zwischen dem Spiel ums Leben, das gerade nicht nur Spiel war, und dem bloßen Zuschauen damals die stille, nicht mitteilbare Entscheidung erwuchs, endlich auch in das Geschehen einzutreten.

Wenn es nötig wäre, das Genre dessen zu bestimmen, was sich in den Straßen der Kleinseite einige Tage lang abspielte, wäre es wahrscheinlich – eine Pantomime. Die unendliche Wiederholung des immer gleichen Geschehens, so etwas wie eine Filmschleife: Menschen kommen, laufen, fahren an einen Ort und reihen sich mit dem Gestus augenfälliger Erleichterung am Ende der Schlange ein. Und nicht nur Erleichterung: in ihren Gesichtern spiegelte sich Spannung und auch – Glück. Glück, weil sie sich getraut, weil sie es geschafft hatten. Wir betrachteten das fasziniert, obwohl überhaupt nichts Neues geschah: Es kamen nur immer neue Menschen gelaufen, gefahren ...

Die Entfernung zwischen Freiheit und Unfreiheit ließ sich damals in den Straßen der Kleinseite messen. Es handelte sich um einige wenige Meter. Drei Tage lang stand ich lange nächtliche Stunden in der Karmeliterstraße, wo die Straße Tržiště einmündet – ein paar hundert Meter bergaufwärts steht das Gebäude der Botschaft der BRD. Wir standen dort zu Hunderten – schweigende, dichtgedrängte Zuschauer eines in Bann ziehenden Schauspiels: Sieh, wie man das macht, wenn man sich die Freiheit nehmen will! Wie einfach das ist, konnte uns nicht auffallen. Sieh, dieses müde und erregte Paar mit einem schlafenden Kind in der Tragetasche, diese alte Dame, die mit dem Taxi gekommen ist, dem Taxifahrer ein königliches Trinkgeld gab und nun würdig in Richtung Freiheit schreitet, diese Familie mit drei erwachsenen Kindern und völlig leeren Händen: Sie haben offensichtlich alles hinter sich gelassen wie man ein brennendes Haus verläßt ... Menschen ganz wie wir. Doch Menschen, die auf die Fahrbahn getreten waren, während wir noch auf dem Bürgersteig stehen blieben. Das war vielleicht die anschaulichste Lektion der Freiheit. Sieh, wie wenig ausreicht: Nicht auf dem Bürgersteig stehen bleiben und dabei nicht allein sein. Verbissen schwiegen wir, jeder allein mit seinen Gedanken. Wir schwiegen auch, weil es keinen Zweifel daran geben konnte, daß unter uns auf dem Bürgersteig Agenten waren. Wir dachten darüber nach, daß auch die notorisch verlachten „DDRler" nicht mehr aufzuhalten sind, während wir immer noch auf etwas warten. Durch das Schweigen in unseren Reihen wurde die Spannung nur immer dichter: Man mußte sich dort soviel sagen, aber es ging nicht, und dann, da gab es noch das Gefühl der Scham. Auch der geteilten Scham. Aber paradoxerweise wurde vielleicht gerade aus der geteilten Stille der Scham die gemeinsame Entschlossenheit geboren.

Ja, ich glaube wirklich, daß gerade damals in uns der Entschluß reifte, bei der ersten Gelegenheit nicht auf dem Bürgersteig stehen zu bleiben. Das ist nicht zu beweisen, das ist nicht zu messen, man kann es nur bezeugen. Also tue ich dies.

Das Ansteckende der Freiheit, die Katharsis, die ein wirklich großes Drama bringt, ob es sich nun auf der wirklichen Bühne oder zwischen Straßenbahngleisen abspielt, die Katharsis, die Spannung zwischen Zuschauern und Schauspielern, zwischen dem Zuschauenden und dem Schauspielenden voraussetzt. Und dies, daß schließlich alles von namenlosen Menschen entschieden wird, wenn sie ihre Rolle annehmen, wenn sie ihr Schicksal in die eigenen Hände nehmen.

Endlich habe ich Gelegenheit, ihnen zu danken! Sie haben uns dem 17. November näher gebracht – nur dadurch, daß sie nicht auf dem Bürgersteig stehen geblieben sind. Dafür Dank.

Ein Hilfszug des Deutschen Roten Kreuzes ist eingetroffen

Bananen und Brot: Die Versorgung der Flüchtlinge wird zu einer logistischen Herausforderung

Zuschauen bei der Arbeit: Die Helferinnen des DRK im Botschaftseinsatz

Die Staatsmacht zeigt nur noch selten ihre bereits anachronistisch wirkende Entschlossenheit

Die Auflösung ist in vollem Gange: Die tschechoslowakischen Polizeieinheiten scheinen wenig motiviert und verunsichert

Sondereinsatz Freiheit

von Oberst a. D. Adolf Brüggemann

Im Spätsommer und Herbst 1989 wurde das Palais Lobkowicz zum Schauplatz der jüngsten deutschen Geschichte. Zwischen Mitte August und dem 09. November suchten über 21.000 Deutsche aus der DDR in drei Fluchtwellen Zuflucht in unserer Botschaft und gelangten auf diesem Wege in die Freiheit. Ich erhielt von Botschafter Huber den Auftrag, mit meinem Stabe für die Flüchtlinge die notwendige Logistik/Infrastruktur und die Versorgung von außerhalb der ČSSR sicherzustellen. Da in den Räumen des Palais die Flüchtlinge nur in begrenzter Zahl, in erster Linie Frauen und Kinder, untergebracht werden konnten – der Dienstbetrieb mußte auch aufrechterhalten werden –, stellte das Deutsche Rote Kreuz (DRK) 35 Großraumzelte, je zwischen 35 und 50 qm groß, zur Verfügung, ferner 4 Feldküchen alter Art (Gulaschkanonen) und – nicht zu vergessen – zahlreiche Helfer. Die Masse aller übrigen Mengen- und Nichtverbrauchsgüter von außerhalb der ČSSR kam von der Bundeswehr oder wurde durch mich über die PzGrenBrig 10 bzw. die Standortverwaltung Weiden direkt beschafft. Alles aufzuführen würde Seiten füllen, hier deshalb nur einige Beispiele: 3000 Betten und Matratzen von den Truppenübungsplätzen Hohenfels und Grafenwöhr, 5769 Schlafsäcke, 3600 Wolldecken, 2000 Trainingsanzüge, 1200 Pullover und 1000 Feldjacken, ca. 2500 qm Holzpaletten aus dem Munitionsdepot Schieling bzw. als Sonderanfertigung von einer Firma aus Niederbayern, mit denen der Garten des Palais ausgelegt wurde. 20.000 Babywindeln, 50 Babyflaschen und kleine Plastikbadewannen, sogar 96 Kindernachttöpfe und große Mengen Babynahrung gehörten zum Sortiment, aber auch ein Doppelzentner Chlorkalk. Für ca. 236.000 DM wurde Verpflegung durch die Bundeswehr geliefert. Der Transport aus der Bundesrepublik erfolgte in erster Linie durch zivile Speditionen, die insgesamt 35 Fahrten mit großen Lastzügen plus Anhänger durchführten. Teile der Versorgungsgüter kamen auf dem Luftweg mit DRK-Flugzeugen oder wurden direkt durch Bedienstete der Botschaft mit zusätzlich angemieteten Kleinbussen von jenseits der Grenze geholt. Später, als alles vorbei war, habe ich Rechnungen in Höhe von ca. 1,8 Millionen DM sachlich richtig gezeichnet.

Trotz mancher widriger Umstände konnte der dem Botschafter und seinen Mitarbeitern gestellte Auftrag, der sich aus der politischen und geschichtlichen Entwicklung in Deutschland und Mitteleuropa ergab, in jeder Hinsicht erfolgreich erfüllt werden.

Dies war aber nur dadurch möglich, daß alle Bediensteten der Botschaft und zusätzliche Helfer, die in diese Flüchtlingsbetreuung eingebunden waren, in hervorragender Weise und mit einem der Aufgabe entsprechenden Geist und politischem Bewußtsein zusammenarbeiteten. Möglich wurde die Auftragserfüllung nicht zuletzt auch dadurch, daß eigentlich von Anfang an durch das Auswärtige Amt und das Verteidigungsministerium, durch Truppe und Verwaltung unbürokratisch und oft auch unkonventionell, schnell und gezielt Unterstützung gegeben wurde. Natürlich gab es auch besondere und manchmal unvorhergesehene Probleme. Hier zahlte sich dreierlei besonders aus: Einmal, die im gesunden Wechsel in Truppe und Stäben gemachten Erfahrungen in Planung, Organisation und Durchführung großer Vorhaben, dabei vor allem das schnelle Suchen und Finden von Aushilfen in schwierigen Lagen, wo wirklich nur einfache Lösungen Erfolg haben, dann aber auch die konsequent und energisch genutzte Freiheit im Handeln, die der Auftragstaktik zugrunde liegt.

Unvergessen bleiben wird der dramatische und historische Augenblick, als am späten Abend des 30. September 1989 der damalige Bundesaußenminister Genscher vom Gartenbalkon des Palais Lobkowicz der ersten Flüchtlingswelle die Ausreise in die Bundesrepublik und damit in die Freiheit verkünden konnte.

Acht Eisenbahntransporte mit zusammen fast 5500 Flüchtlingen, begleitet von Angehörigen des höheren Dienstes der Botschaft und auch des Auswärtigen Amtes, fuhren in jener Nacht auf den 01. Oktober nach Hof in Bayern. Die Transporte fuhren aber nicht den direkten und kürzesten Weg, sondern mit einem großen Umweg über die DDR. Dieses Zugeständnis hatte man in den Verhandlungen über die Lösung des Flüchtlingsproblems der DDR gemacht, so daß die DDR-Regierung behaupten konnte, sie habe diese Bürger ausgewiesen. Zusammen mit dem Ständigen Vertreter des Botschafters, Botschaftsrat I. Kl. Metzger, und dem Wirtschaftsreferenten, Botschaftsrat Lauck, konnte auch ich einen der Transporte begleiten. Es war ein großes, einmaliges Erlebnis! An Bord des Zuges befanden sich etwa 900 Flüchtlinge, meistens junge Familien mit Kindern, aber auch eine größere Anzahl Jugendlicher, die in ihrer Begeisterung ob der Ausreise manchmal nur schwer zu bändigen waren. Schwierig wurde es vor allem dann, wenn sie auf den Unterwegsbahnhöfen die dort postierten Soldaten der NVA und die Angehörigen der DDR-Grenztruppen zu provozieren versuchten, indem sie ihnen z. B. DDR-Kleingeld mit vollen Händen vor die Füße warfen. Bis Dresden verlief die Fahrt ansonsten relativ normal, aber dann änderte sich der Verlauf unerwartet. Entlang der Bahnstrecke wurde der Transport an unzähligen Stellen von der Bevölkerung mit Jubel begrüßt. Die Menschen schwenkten nicht nur schwarz-rot-goldene Fahnen, aus denen sie das DDR-Staatsemblem herausgeschnitten hatten, sondern mindestens dreimal beobachtete ich Jugendliche, die große Bundesflaggen mit dem Adler als Staatsemblem trugen. An vielen Stellen saßen Menschen auf den Hausdächern, Arbeitskolonnen der DDR-Reichsbahn bliesen auf ihren Signalhörnern und mehrere Male beobachtete ich, wie selbst NVA-Soldaten und Polizisten durch Winken oder das Victory-Zeichen ihre Sympathie deutlich zum Ausdruck brachten. Während der Fahrt stellten wir plötzlich fest, daß alle Wagentüren verriegelt waren. Den Grund dafür erfuhren wir erst später. Der vorausfahrende Transport war auf dem Dresdener Hauptbahnhof von Demonstranten gestürmt worden und einigen war es trotz Gewaltanwendung durch die DDR-Volkspolizei gelungen, an Bord des Zuges und damit in die Freiheit zu kommen. In Dresden waren Angehörige des DDR-Staatssicherheitsdienstes zugestiegen. In großen Beuteln sammelten sie die Ausweispapiere der Flüchtlinge ein, ohne ihnen, wie es zunächst vereinbart war, dafür eine Empfangsbestätigung auszustellen. Flüchtlinge, welche die Beamten darauf ansprachen, erhielten zur Antwort, daß sie ihre Rechte als „Bürger der DDR“ verwirkt hätten und jetzt staatenlos seien.

Durch diese Transportbegleitung war es für mich als Soldaten zum ersten Mal möglich, den Ostteil Deutschlands zu betreten.

Als ich am Sonntagabend, dem 01. Oktober nach Prag zurückkam, waren bereits wieder fast 2000 Flüchtlinge auf dem Gelände der Botschaft, deren Zahl im Laufe der nächsten drei Tage auf fast 7000 anschwoll, bis dann auch diese zweite Welle auf dem selben Weg ausreisen konnte. Dann war zunächst Ruhe. DDR und ČSSR stellten für ihre Bewohner den visumfreien Reiseverkehr ein und unterbanden damit weitere Flüchtlingsströme.

Das Geschehen rund um unsere Botschaft wurde von Anfang an mit wachsender Anteilnahme und schließlich sogar praktischer Unterstützung nicht nur von der tschechoslowakischen Zivilbevölkerung, sondern auch von der eingesetzten Polizei und zahlreichen Soldaten aller Dienstgrade aufmerksam beobachtet. Ich erinnere mich noch gut daran, wie Polizisten, die am Vorabend noch mit brutaler Gewalt Flüchtlinge am Übersteigen des Gartenzauns der Botschaft hindern wollten, während der zweiten Flüchtlingswelle am nächsten Tage Flüchtlingen das Gepäck trugen, als diese mit Bussen zum Bahnhof gefahren werden sollten.

Bei mehreren Gelegenheiten äußerten Generäle der tschechoslowakischen Volksarmee (ČSLA) mir gegenüber ihre Sympathie und Anerkennung für die humanitären und logistischen Leistungen der Botschaft, gleichzeitig aber auch ihren Unmut über die in der DDR liegenden Ursachen der Flüchtlingsbewegung. Von diesen Generälen erfuhr ich ferner, daß alle Ergebnisse bereits auch in verschiedenen Verbänden der ČSLA zu Diskussionen mit laut geäußerten Zweifeln am herrschenden kommunistischen System geführt hatten.

Am 28. Oktober 1989, dem Jahrestag der 1918 erfolgten Gründung der Tschechoslowakischen Republik, fand vormittags in der Prager Innenstadt auf dem Wenzelsplatz unter scharfen Sicherheitsvorkehrungen durch Polizei und Volksmiliz die öffentliche Vereidigung von 1500 Soldaten der Armee, der Grenztruppe und der Truppen des Innenministeriums in Anwesenheit des damaligen Verteidigungsministers, Armeegeneral Václavík, der Mitglieder des Zentralkomitees der kommunistischen Partei (KSČ) und auch des eingeladenen Militärattachékorps statt. Die Zeremonie war als ausgesprochene Demonstration der Staatsmacht aufgezogen. Entsprechend war auch die Vereidigungsrede, gehalten vom damaligen Präsidenten des Parlaments der tschechischen Teilrepublik, Kempný: Die Regierung sei offen für Meinungsaustausch und Diskussion mit allen, die an einem Umbau des Staates mitarbeiten wollten. Man habe aber nicht die Absicht, fruchtlose Debatten mit denen zu führen, die eine Rückkehr zum Kapitalismus anstrebten.

Eine Bürgerdemonstration gegen Regierung und KSČ von etwa 15.000 Personen auf dem gleichen Platz nur wenige Stunden nach der Vereidigung zeigte deutlich das wachsende Aufbegehren der Bevölkerung.

Die Ereignisse eskalierten dann auch sehr schnell. Am Morgen des 30. Oktober erfuhr die Botschaft, daß mit Wirkung vom 01. November 0.00 Uhr die Visumspflicht zwischen DDR und ČSSR wieder aufgehoben werden sollte. Alle ahnten jetzt, was wieder auf uns zukommen würde. In den Gewölben des Palais Lobkowicz hatte ich zwar noch für etwa 1000 Personen Verpflegung für ca. eine Woche lagern und auch eine Feldküche des DRK und fast 1000 Betten der Bundeswehr hatte ich nach Abebben der Flüchtlingsströme Anfang Oktober in der Botschaft behalten können. Entgegen anderen Auffassungen hatte ich auch die Zelte des DRK nicht zurückgeliefert, sondern bei der PzGrenBrig 10 in Weiden nur zum Trocknen zwischengelagert. Doch all das würde an Vorsorge bei der zu erwartenden Entwicklung der Lage nicht genügen. Der (neue) Ständige Vertreter des

Botschafters, Botschaftsrat I. Kl. Dr. Hiller (der Botschafter war nicht im Lande), stimmte meinem Vorschlag und meiner Absicht zu, unverzüglich nach Weiden zu fahren, um dort notwendige Absprachen zu treffen und die Versorgungsmaßnahmen so zu regeln, daß nur noch auf die Weisung für Abruf und Beginn zu warten war.

Die Beurteilung der Lage und der Entschluß waren richtig. Am Morgen des 01. November um sechs Uhr befanden sich bereits wieder 315 Zuflucht suchende Deutsche aus der DDR auf dem Gelände der Botschaft. Bis zum Abend war die Zahl auf über 2000 angewachsen. An diesem Abend dampften aber auch bereits wieder die Feldküchen, die ersten Zelte waren wieder aufgebaut, und die vorbereitete Versorgung lief auf vollen Touren.

Die dritte und größte Fluchtwelle, mit der zwischen 01. und 09. November ca. 7000 Zuflucht suchende Deutsche aus der DDR die Botschaft, deren nächste Umgebung und einige weitere Tausend den Prager Hauptbahnhof überschwemmten, und die Öffnung der Berliner Mauer am 09. November waren mit ein Zündfunke für die Bürgererhebung und die revolutionären Veränderungen in der Tschechoslowakei.

Die Flüchtlinge lassen sich von den aufgestellten Absperrgittern nicht zurückhalten

Die Flüchtlinge helfen einander: Ein Kletterseil wird hinabgelassen

Die Mauer überwinden: Die Prager Generalprobe für den Berliner Mauerfall

Nur nicht lange fackeln: Flüchtlinge laufen zum Botschaftszaun auf der Gebäuderückseite

Flüchtlingsbild mit Koffer: Mit Schwung den Gartenzaun überwinden

Prag 1989 – Bericht eines Arztes

von Peter Platiel

Bonn, September 1989: „Fahren Sie einmal nach Prag, kontrollieren Sie die Apotheke und schauen Sie, ob die ca. 40 Flüchtlinge aus der DDR, die jetzt in der Botschaft in Prag sitzen, irgendwelche Unterstützung oder Hilfe brauchen", so lautete mein Auftrag vom Referatsleiter des Gesundheitsdienstes, Dr. Segadlo.

Na ja, dachte ich mir, ein Routinejob. Immerhin hatte ich bereits Erfahrungen mit einer solchen Situation, da ich die 180 DDR-Flüchtlinge in der besetzten Botschaft in Budapest betreut hatte. Dennoch – eine gespannte Neugier, gepaart mit einer gewissen Unruhe, erfaßte mich. Ich überdachte noch einmal meine Erfahrungen aus der Budapester Botschaft: Was muß ich mitnehmen, was muß ich vor Ort organisieren und aufbauen? Als ich dann am Freitagabend meine Sachen packte, die Nachrichten sah und hörte, daß bereits über 300 Flüchtlinge in der Botschaft weilten, dachte ich spontan: „Da packst Du lieber mehr Wäsche ein, das wird möglicherweise nicht nur ein Kurztrip von 2 Tagen!"

Ankunft in Prag: Äußerlich alles ruhig. Die Atmosphäre locker, ja sogar heiter. Ich war gespannt auf die ersten Gespräche mit den Menschen aus der DDR, die sich teilweise schon mehrere Wochen in dem wunderschön gelegenen Palais Lobkowicz aufhielten.

Nur, es wurden immer mehr!

Menschen kletterten über den ca. 2 m hohen Zaun, der sich rund um das Grundstück zog. Tschechische Polizisten bemühten sich nach Kräften, sie zurückzuhalten. Hatten die Tschechen einen Teil des Zaunes mühsam gesichert, fing die Kletterei an einer anderen Stelle wieder an. Rasch wurde das Mitgebrachte über den Zaun geworfen und schnell hinterhergeklettert – bevor die Polizisten kamen. Ein Wettlauf wie bei Hase und Igel, allerdings mit ernsten Folgen: Menschen verletzten sich beim Sturz in den Botschaftsgarten, teilweise wurden Familien getrennt.

Wir wurden in der Botschaft regelrecht überrannt. So etwas hatte ich noch nie erlebt. Tag oder Nacht gab es nicht mehr. Die Menschen wollten zur Ruhe kommen, aber es ging nicht. Alles war ständig in Bewegung, ein Kommen und Gehen, Suchen und Rufen, Gieren nach Neuigkeiten, Gerüchten und Nachrichten. Zum Glück funktionierte die Basisversorgung all dieser Menschen dank der Hilfe des Deutschen Roten Kreuzes, so daß es trotz aller Unruhe einigermaßen gelöst und locker zuging.

Für uns in der Botschaft ging die Arbeit rund um die Uhr. 14 bis 18 Stunden Arbeitszeit, Mitternachtssprechstunden wurden üblich, um mit dem Andrang fertig zu werden. Und immer wieder Situationen, in denen auch wir nicht mehr weiter wußten. Ich werde nie vergessen, wie Botschafter Huber in meine „Praxis" (12 qm im ersten Stock des

Visagebäudes) stürzte und mich in verständlicher Erregung zur Rede stellte: „Sind Sie denn verrückt geworden, der Presse zu sagen, die Botschaft sei aus hygienischen Gründen nicht mehr zu halten, sie müsse sofort geräumt werden?!“ Dieses Gerücht machte gerade die Runde und drohte, Panik zu verursachen. Nach meiner beruhigenden Antwort verließ er befriedigt meine „Praxis“, wobei er im Erdgeschoß durch Zentimeter hoch stehendes Wasser laufen mußte, da die Waschgelegenheiten und WC's teilweise übergelaufen waren ...

Überhaupt die Toiletten. 12 Toiletten für zuletzt 7500 Menschen, ein Problem, von dem ich bis heute nicht weiß, wie wir es geschafft haben, eine Hygienekatastrophe zu verhindern. Schwangere bekamen „Passierscheine“, um sich nicht in die Warteschlagen einreihen zu müssen!

In all dem Chaos gab es auch komische Situationen – selbst wenn sie im Augenblick vielleicht alles andere als komisch erschienen:

- So wurde unsere Anfrage an das nächstgelegene deutsche Landrats-/Gesundheitsamt, uns rasch Desinfektionsmittel zu senden, dort wegen fehlender Dienstvorschriften bzw. Haushaltstitel erst einmal „zur Kenntnis genommen und geprüft“.

- Zur Aufrechterhaltung der Hygiene mußte ich regelmäßig Säuberungen der Anlagen durchführen lassen. Hierzu versammelte ich alle Krankenschwestern und sonstiges medizinisches Hilfspersonal, die sich unter den Flüchtlingen befanden, und erklärte ihnen, worum es ging. Schweigen. Bis plötzlich ein Arzt aus der DDR sagte: „Doktor, Du mußt agitieren.“ Ich muß ziemlich blöd dreingeschaut haben, faßte mich aber – ich und agitieren! – und fragte vorsichtig, was sie damit meinten. Sie erklärten mir dann, daß agitieren nichts anderes hieße als Instruktionen zu geben, wer was und wie machen solle. Da wurde mir deutlich, wie unterschiedlich doch unsere Sprache, unser Denken und unser Verhalten war – eine wichtige Erfahrung für meine Begegnung mit den Menschen, die zu mir in die Sprechstunde kamen!

Es gab auch Menschen mit oft unfreiwilliger Komik:

- Da war der „Discoman“, der, als er hörte, daß die Deutsche Botschaft für DDR-Angehörige offen sei, so wie er ging und stand, die Disco in der DDR verlassen hatte und jetzt mit seinem schillernden, paillettenbesetzten Smoking-Anzug in der Menschenmenge ein unglaubliches Bild abgab.

- Oder der Reichsbahner, der ungemein stolz darauf war, daß er und sein Zugbegleiter den Zug aus Dresden erst ordnungsgemäß im Hauptbahnhof abgestellt hatten (das war für ihn eminent wichtig!), bevor sie sich in die Deutsche Botschaft absetzten. Auch er bot in seiner ruhigen Art mit seiner blauen Uniform und insbesondere mit seiner roten Dienstmütze ein herrliches Bild in der wogenden Menge.

• Dann gab es das junge Mädchen, das mich ansprach, als ich die Treppe im Palais hinaufeilte (Anmerkung: Die ca. 4 m breiten Treppen waren vollkommen mit Flüchtlingen belegt, die dort saßen oder schliefen. Lediglich ein schmaler Gang für eine Person war freigelassen), also dieses junge Mädchen winkte mich zu sich und fragte: „Doktor, hast Du nicht eine Anti-Baby-Pille für mich?“ Da war ich wirklich platt und konnte nichts mehr sagen.

• Nicht vergessen werden darf auch der EKG-Mann, ein Kollege, der mir mein einziges EKG-Gerät stibitzte, zusätzlich einen Müllsack mit Medikamenten aus unserem Notapothekenvorrat abfüllte und gerade noch von den BGS-Männern an der Pforte abgefangen wurde, als er mit Sack und Pack die Botschaft verlassen wollte. Auf die Frage, was er denn mit diesen medizinischen Geräten machen wolle, das sei doch Diebstahl, meinte er lakonisch, er wolle damit eine Praxis in der Bundesrepublik aufmachen ...

• Bemerkenswert auch die verbreitete Gabe des Hamsterns. Außerhalb der Botschaft waren viele DDR-Flüchtlinge, darunter junge Leute und Ehepaare mit Kleinkindern, die entweder in leerstehenden Häusern ohne Heizung kampierten oder auf der Straße lagerten, die sich an der amerikanischen Botschaft vorbei den Fluß hinunterzog. Es war bitterkalt. Zwar war Hilfe außerhalb des Botschaftsterritoriums verboten, trotzdem haben wir Schlafsäcke, warmes Essen und Medikamente heimlich über die Tore hinausgereicht, um die größte Not zu lindern. Ich zog in dieser Nacht durch die Großraumzelte im Garten des Palais und durch die total überbelegten Unterkünfte und konfiszierte Schlafsäcke, um sie nach draußen zu reichen. Schlafsäcke, die gehortet und eingetauscht wurden, teilweise gegen Alkohol. Es war nicht selten, daß ich unter einem Schlafenden vier Schlafsäcke herauszog – zum größten Ärger der Hamsterer.

Unvergessen bleibt mir der Anblick der Menschenmasse im Garten, ein nicht beschreibbares Bild. Als ich in einer ruhigen Minute mit Frau Huber, der Gattin des Botschafters, aus dem dritten Stock auf diese Menschenmassen schaute, haben wir uns nur stumm fragend angesehen: Wie soll das noch werden?

Irgendwie haben wir es geschafft. Trotz aller massiven Anspannung und der vorhandenen Gereiztheit, trotz der ständigen Unsicherheit: Schaffen wir es überhaupt, die Botschaft zu halten? Muß sie nicht doch aus hygienischen Gründen aufgegeben werden? Wird es zu einer Panik kommen? Wie sollen wir alle auf uns einstürmenden Probleme lösen?

Ich fühlte mich in dieser Extremsituation von der Begeisterung dieser Menschen, ihrer Hoffnung mitgetragen. Ein weiteres wichtiges Fundament war unsere Verläßlichkeit untereinander. Wir wurden überflutet von Menschen, aber wir waren alle im gleichen Boot und gaben unser Bestes. Das war ein Erlebnis, das ich in dieser Intensität bis dahin nicht kannte.

29. 9. 1989: Es war der erste Tag, an dem ich mich in ein Hotel zurückgezogen hatte, um ein paar Stunden zu schlafen. Ich war total erschöpft und vollkommen heiser, nur Aspirin

Ohne Worte

hielt mich noch über Wasser. Doch schon nach einer Stunde wurde ich wieder geweckt, ich solle sofort zur Botschaft kommen, es sei etwas Wichtiges passiert. Als ich hinkam wurde mir aufgetragen, sofort alle Kranken zu sammeln, auch die in den Krankenhäusern, um sie reisefähig zu machen. Man ging davon aus, daß sie innerhalb der nächsten Tage mit einem Zug vom Bahnhof Prag-Libeň in die Bundesrepublik gefahren würden.

Zu diesem Zeitpunkt gab es keinen DDR-Arzt in der Botschaft, nur Krankenschwestern. Ich stand vor dem Problem, Leute „fit zu machen" für den Transport nach West-Deutschland, die aus ärztlicher Sicht nicht reisefähig waren, aber natürlich unter keinen Umständen in Prag zurückbleiben wollten. Viele dieser Menschen hatten durch Schlafentzug und Dauerstreß generalisierte Krampfanfälle bekommen und sollten jetzt in verschlossenen Waggons mehrere Stunden durch die DDR fahren. Ein medizinisches Abenteuer, von dem ich heute sagen kann, daß es gut ausgegangen ist. Doch damals war ich mir überhaupt nicht sicher, ob ich diese Verantwortung übernehmen konnte. Ich habe es riskiert – und ich hatte offenbar einen großen Schutzengel. Der muß mir auch zur Seite gestanden haben, als ich ein kleines Mädchen mit einem massiven Asthmaanfall mit seinen Eltern ausreisen ließ, weil diese darauf bestanden. Gott sei Dank kam dieses Mädchen gesund an und mir fiel ein Stein vom Herzen.

Doch vor der tatsächlichen Ausreise lag noch ein anderes denkwürdiges Ereignis: Die Ankunft von Bundesaußenminister Genscher mit seinen Mitarbeitern in der Botschaft in Prag am 30. 9. 1989. Ich werde nie vergessen, wie ich mit meinen vollkommen verdreckten Gummistiefeln, bekleidet mit einem Bundeswehr-Parka (der Garten hatte sich in der Zwischenzeit in eine Kraterlandschaft voll Matsch und Dreck verwandelt), oben im ersten Stock inmitten der Ministerdelegation stand und mich reichlich deplaziert fand. Trotzdem mußte ich lachen, denn die ganze Situation wirkte gleichzeitig seltsam unwirklich und surrealistisch.

Die berühmte Rede bekam ich dann unterhalb des Balkons mit, auf dem Minister Genscher stand. Ich mußte dort noch schnell jemanden versorgen, der vor Aufregung einen Krampfanfall bekommen hatte. Zum Glück wurde ich mit meiner Ersten Hilfe rechtzeitg vor Beginn der Rede fertig, so daß ich die erlösenden Worte hören konnte, die mich genauso in Bann nahmen wie die vielen Menschen auf dem Botschaftsgelände. Eine unbeschreibliche Szene, beleuchtet nur von einem einzigen Scheinwerfer – erst die Stille, dann die erlösenden Jubelschreie.

Am nächsten Tag fuhr ich mit meiner Krankengruppe zum Bahnhof Prag-Libeň, um sie sicher in den Zug nach West-Deutschland zu setzen. Auch diese Unternehmung war nicht frei von Dramatik, besonders, als ich mich plötzlich von meinen Kranken getrennt sah. Glücklicherweise fanden wir aber kurz vor Ankunft am Bahnhof wieder zusammen.

Dafür stürmte in dieser ganzen Aufregung und Hektik auch noch ein wütender tschechischer Polizeimajor auf mich zu, dem ich nicht sofort meinen Diplomatenausweis zeigen konnte. Er identifizierte mich daraufhin unverzüglich als Störenfried und wurde

handgreiflich. Zum Glück blieb dies der einzige Vorfall, der mir etwas „Handfestes" einbrachte. Ich schrieb ihn der Aufregung in dieser ungewohnten Situation für Tschechen und Deutsche zu.
In jedem Waggon dieses Zuges fuhren zwei Kollegen vom Auswärtigen Amt mit, die am Nachmittag aus Bonn angekommen waren, um uns zu unterstützen. Ich werde den Einzug dieser Kollegen in die Botschaft nie vergessen, er gehört für mich zu den bewegendsten Momenten – auch weil ich vor Heiserkeit fast nicht mehr reden konnte. Ich empfand die Kollegen wie eine Befreiung, da ich wußte, daß wir nun das Hauptproblem gelöst hatten und entlastet waren.

Von der Dramatik der Fahrt der Züge durch die DDR will ich hier schweigen. In mir war eine schier unerträgliche Spannung, die sich erst löste, als die Züge mit meinen Patienten gut in Deutschland angekommen waren.

Wir hatten dann einige Tage Ruhe. Ich flog nach Hause, mußte aber wenige Tage später wieder nach Prag zurück: Die Botschaft war mit 7500 Menschen erneut „vollgelaufen". Noch größere Hektik, mehr Arbeit und Dramatik bis zu dem Zeitpunkt, als die Grenzen von der Tschechoslowakei zur Bundesrepublik Deutschland endgültig geöffnet wurden.

Plötzlich war die Botschaft leer. Es war eigenartig, durch den Garten des Palais zu gehen, keine Menschen mehr zu sehen, nur das Schlagen der Zeltplanen im Wind zu hören. Unwirklich, fast gespenstisch. Ich habe mich oft umgedreht, immer in der Erwartung, doch noch die Menschen zu entdecken, so als hätten sie sich nur versteckt. Ich bewegte mich wie in einem unwirklichen Film und in einer Stille, die mir Angst machte. Nach all dieser Anspannung und Hektik war noch das Gefühl da: „Eigentlich müßte ich jetzt etwas tun" – doch gleichzeitig wußte ich, daß es nichts mehr zu tun gab. Es war vorbei.

Die Botschaft beschloß dann, keine Flüchtlinge mehr aufzunehmen und ich richtete am Hauptbahnhof in Prag zusammen mit dem tschechischen Roten Kreuz eine Anlaufstelle ein. Das war ein Unternehmen! Mit den Hosentaschen voll Geld, um die Fahrkarten für die DDR-Flüchtlinge zu bezahlen, mußte ich die ankommenden DDR-Bürger in Züge einweisen, die die tschechische Staatsbahn zu Verfügung gestellt hatte. Woher sollte ich wissen, wieviele Menschen in einen Waggon passen?

Aber das habe ich schnell gelernt, wobei ich ziemlich sauer darüber war, daß die Männer wie selbstverständlich Platz nahmen, während die Frauen mit den Kindern dicht gedrängt irgendwo eine Ecke finden mußten. Das gab Zoff, aber ich hatte ein wirksames Druckmittel in der Hand: „Dieser Zug fährt vorher nicht ab!" Neben meinen Appellen halfen der Gruppendruck sowie der Anblick der draußen patroullierenden tschechischen Soldaten, so daß sich die Probleme rasch lösten.

Kritische Situationen entstanden, weil die DDR-Flüchtlinge den tschechischen Staatsbediensteten, Eisenbahnern wie Polizisten, immer wieder aus dem Zug heraus DDR-Geld vor die Füße warfen. Mir war höchstoffiziell bedeutet worden, daß ich dieses Problem in den Griff kriegen müsse, andernfalls dürfe kein Zug mehr die Station verlassen. Es gelang mir, größere Provokationen zu verhindern, bemerkte aber doch mit einem verschmitzten Lächeln (Schwejk läßt grüßen), wie die Tschechen, sobald der Zug abgefahren war, in Windeseile das Geld aufsammelten. Es waren bestimmt ganz schöne Beträge, die da auf den Bahnsteigen zusammenkamen.

Als alles vorbei war – es war der 9. November 1989 nachmittags –, packte ich meine Sachen, wurde zum Flughafen gebracht – und schlief vollkommen erschöpft im Wartesaal ein. Doch plötzlich wurde ich von dem untrüglichen Gefühl geweckt, daß etwas nicht stimmt. Als ich die Augen öffnete, war ich allein, keine Passagiere mehr weit und breit zu sehen. Mein Koffer stand etwa 5 m von mir entfernt. Um ihn herum gruppierten sich drei Beamte der Flughafenpolizei mit Maschinenpistolen. Erschrocken bestätigte ich auf ihre Fragen, daß der Koffer mir gehörte. Da konnte endlich der Bombenalarm abgeblasen werden, der durch meinen Schlaf verursacht worden war ...

An diesem 9. November 1989 abends, zu Hause, verfolgte ich die Öffnung der Mauer im Fernsehen. Ich war einfach überwältigt, und bin es auch heute noch, daß ich alles dies hautnah erleben und auch meinen Teil beitragen konnte, ja, daß ich es überhaupt erleben konnte, daß eine Vereinigung der beiden deutsche Teile stattfand. Dieses Ende einer Dienstfahrt – mit für mich unvorhersehbarem Abschluß – hat mich sehr bewegt: Einerseits wieder gesund zu Hause im Kreis der Familie zu sein, und gleichzeitig auch die spontane Wiedervereinigung am Fernsehen zu erleben, nach all diesen Begegnungen, die ich in den besetzten Botschaften in Budapest und Prag hatte.

Die Sicherheitskräfte der ČSSR wirken ratlos

Die Habseligkeiten für den Neuanfang zuerst

Fünf Minuten nach Zwölf: Die Werktätigen kehren der DDR den Rücken

Immer mehr Menschen ...

... stürmen die Begrenzungszäune

Erinnerungen der Flüchtlingsfamilie Kindler

von Ilona Kindler

Ulrich Kindler,	geb. 23. 12. 56 in Ortrand
Ilona Kindler,	geb. 19. 06. 58 in Finsterwalde
Tina Kindler,	geb. 13. 12. 81 in Elsterwerda
Stefan Kindler,	geb. 06. 12. 82 in Elsterwerda

01. Oktober 1989, wir können es nicht glauben, sind wirklich schon 10 Jahre vergangen?

Aus politischen und beruflichen Gründen und aus Angst vor einer Eskalation fiel unsere Entscheidung im Jahr 1987: Wir wollten einen Weg suchen, die DDR zu verlassen. Das klingt sehr einfach. Aber vor dieser Zeit liegen viele Jahre der Hoffnung, der Verzweiflung, der schlaflosen Nächte und der Angst.

Im Sommer 1988 durfte ich (nur allein) für zwei Wochen in die BRD einreisen, um die vorgetäuschte Hochzeit meines Cousins zu besuchen. Von Bremen bis Erlangen reiste ich mit der Bahn durch die Bundesrepublik, um einen Weg für die Ausreise zu finden. Die Sehnsucht nach meiner Familie ließ mich zurückkehren.

Monatelang überlegten wir, welche Möglichkeiten es gab, die DDR zu verlassen, ohne daß einer aus unserer Familie zurückbleiben mußte. Heimlich versuchten wir, unser Haus zu verkaufen. Ein 10 Jahre alter Škoda und ein kleines Gartengrundstück am Senftenberger See wurden uns dafür angeboten ...

Unseren letzten DDR-Urlaub verbrachten wir im Sommer 1989 in Ungarn. Wir hatten große Hoffnung, einen Weg in die Freiheit über die grüne Grenze zu finden. Nachdem aber immer noch auf Flüchtlinge geschossen wurde, ließen wir diesen Plan aus Angst um unsere Kinder (6 und 7 Jahre alt) fallen. Auch der Alleingang meines Mannes war für uns keine Möglichkeit, unsere Familie sollte zusammenbleiben. Enttäuscht fuhren wir wieder nach Hause, aber es sollte noch schlimmer kommen. Wenige Wochen nach unserer Rückkehr sahen wir im Fernsehen die vielen Menschen, wie sie ohne Gefahr die grüne Grenze in Ungarn überschritten. Ein neues Visum für die Einreise nach Ungarn bekamen wir natürlich nicht mehr.

Unsere letzte Hoffnung war der Weg über die Deutsche Botschaft in Prag. Nachdem wir unseren Bruder und Schwager sowie einen guten Freund in unsere Pläne einweihten, schlossen sich diese sofort an. Nach dieser Erfahrung teilten wir niemanden mehr unseren Plan mit. Die Gefahr der Entdeckung war zu groß.

Mitte September fuhren wir (4 Erwachsene, 2 Kinder) mit zwei Trabbis Richtung Tschechoslowakei. Unsere Familie konnte ohne Probleme die Grenze passieren. Nach ca. 5 km hielten wir, um auf die zwei Anderen zu warten. Die Zeit verstrich endlos langsam. Nach einer Stunde endlich kamen sie. Ihr Auto wurde total auseinandergenommen. Da wir aber ohne Gepäck, Geld und Papiere fuhren, konnten sie nichts Verdächtiges finden.

In Prag erkundigte sich mein Mann nach dem Weg zur Botschaft. Wir saßen mit laufendem Motor im Trabbi, um notfalls schnell verschwinden zu können. Aber hier drohte uns keine Gefahr mehr. Die Tschechen gaben uns bereitwillig Auskunft.

Die Prager Botschaft war geschlossen, also kletterten wir, wie schon viele, über den Zaun. Ca. 600 Personen waren bereits auf dem Gelände der Botschaft. Innerhalb weniger Tage erhöhte sich die Zahl um das 10-fache. Dem bangen Warten und der Angst um den weiteren Verlauf der Geschehnisse wurden am 30. September durch das Erscheinen von Außenminister Hans-Dietrich Genscher ein Ende gesetzt.

Am 01. Oktober 1989 fuhren wir mit dem zweiten Zug über die DDR in Richtung Freiheit. Endlich hatten wir es geschafft. Und das Wichtigste: Unsere Familie war zusammen.

Über Hof und Hammelburg kamen wir nach Rothenburg o. d. T., unsere jetzige Heimat. Wir haben nochmal ganz von vorn angefangen und sind stolz auf das Geschaffene. Mein Mann hat seit 6 Jahren seine eigene Firma (Siebdruckmaschinenservice), ich arbeite als Tagungsassistentin in einer Evang. Tagungsstätte, unser Sohn lernt KFZ-Mechaniker, unsere Tochter macht ihr Abitur und ein wunderschönes Häuschen haben wir uns auch hergerichtet. Wir danken allen, die uns dabei geholfen haben!

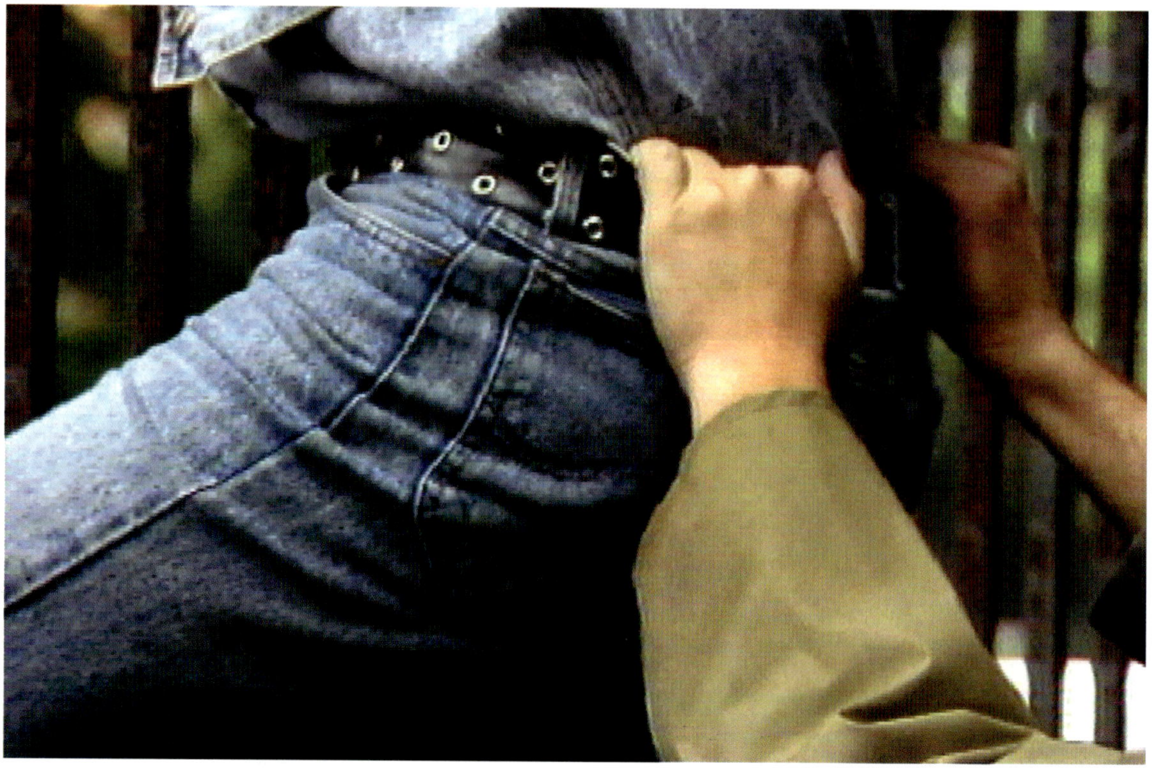

Der Mensch ...

... ist frei ...

... und wäre ...

... er in Ketten ...

... geboren.

Die Flüchtlingsfamilie Kuhn

von Hubert Kuhn

Hubert Kuhn,	geb. 29. 01. 1952
Susanne Kuhn-Salzmann,	geb. 11. 07. 1959
Axel Kuhn,	geb. 11. 07. 1978
Katharina Kuhn,	geb. 23. 03. 1981
Constantin Kuhn,	geb. 26. 09. 1982

Es ist eine altbekannte und doch immer wieder überraschende Erkenntnis, daß mit dem wachsenden zeitlichen und auch räumlichen Abstand zu Ereignissen diese verblassen, in Teilen in Vergessenheit geraten, einfach andere Dimensionen erhalten. Das eigentlich Erstaunliche ist jedoch, daß dies auch auf einschneidendste und lebensbestimmende Ereignisse gleichermaßen wie auf Beinahe-Banalitäten zutrifft. Selbst eine so endgültige und riskante Entscheidung wie die Flucht in die Prager Botschaft 1989, mit drei kleinen Kindern, die Ungewißheit des Ausgangs, das dreimonatige Warten auf begrenztem Raum, freiwillig eingesperrt, immer im Wechselbad zwischen Optimismus, Bangen, Enttäuschung, selbst dies tritt im täglichen Leben mit seinen großen und kleinen Höhen und Tiefen in den Hintergrund, man denkt schlichtweg nicht mehr daran. Erinnerung kommt lediglich auf, wenn man direkt auf die Ereignisse angesprochen wird, man Bilder aus „jener Zeit“ sieht oder „wieder einmal Jahrestag“ ist.

Dieses „wieder einmal Jahrestag“ ist allerdings sehr wichtig, besonders wider das Vergessen. In unserer Familie wird dieses Tages der Ausreise jährlich gedacht, mit einem guten Tropfen angestoßen, einem telefonischen Rundruf an die Bekannten aus der Botschaftszeit, dem Beleuchten und Wichten der aktuellen persönlichen Situation, der Frage was hat es gebracht, was ist geworden, bisher – Gott sei Dank – mit einer immer positiven Bilanz.

Das eigentlich Erstaunliche aber ist allerdings, daß nicht der große und später sogar zeitgeschichtlich bedeutsame Augenblick der Verkündung der Ausreise durch Herrn Genscher als bestimmend in Erinnerung geblieben ist, bei aller Dankbarkeit, bei aller Freude die man damals wie heute empfindet. Nein, am stärksten in Erinnerung geblieben ist der Moment des Betretens der Botschaft, unter Schwierigkeiten nach einem Gerangel mit einem tschechischen Polizisten, das Gefühl, endlich sicher und geborgen zu sein nach Jahren der Zwangsumsiedlung, der Bespitzelung und der offenen Drohungen, daß den Kindern ein Verkehrsunfall passieren könne etc.

Dieses Gefühl von Sicherheit war alles überdeckend und ist auch heute noch, nach 10 Jahren in Sicherheit, in Freiheit präsent, in der Erinnerung nacherlebbar. In diesem Zusammenhang wird dann auch das Bild des damaligen Militär-Attachés Oberst Brüggemann deutlich, mit dem uns mittlerweile eine jahrelange Freundschaft verbindet, wie er uns damals am 01. Juli 1989 in der Botschaft aufnahm und unter dem Dach in einem als Lagerraum dienenden Bereich unterbrachte.

Uns war damals eigentlich alles egal, egal wie untergebracht, egal wie verpflegt, wichtig war nur ... endlich sicher.

Dieses Gefühl der Sicherheit ist es auch, was bei der Erinnerung an die Botschaft als erstes und stärkstes Gefühl auftritt.

In der weiteren Erinnerung kommen dann auch weitere Gefühle und Begebenheiten auf. Da sieht man sich dann auch wieder den damals so groß erschienenen Lagerraum umräumen, mit Matratzen und simplen Hilfsmitteln „wohnlich" zu machen, einfach weil immer mehr Zeit verstrich, man meist mit sich alleine war, man nicht wußte wie es weitergeht und wie lange alles dauern wird. Auch wollten ja drei kleine Kinder beschäftigt sein. Genau an diesem Punkt muß man dann auch schon schmunzeln, für alle drei Kinder ist die Zeit – drei Monate sind ja schließlich eine Ewigkeit für kleine Kinder – als tolles Ferienerlebnis in Erinnerung geblieben, 24 Stunden alle zusammen mit den Eltern, spielen, Geschichten hören, dann auch Schule mit bayerischen Schulbüchern (von der Botschaftergattin besorgt), eigentlich ein Wunschsommer mit Spaziergängen im Park, ein Vierteljahr Urlaub in Prag mit Blick auf den Hradschin, wer kann das schon? Das Ziel, warum das alles, war ja sowieso klar: Raus nach Bayern. Nach Bayern? Warum? Ganz einfach, der Botschafter Herr Huber, ein gestandener Bayer, riet es eben immer wieder in vielen Gesprächen, deshalb auch die bayerischen Schulbücher. Richtig war es schon aus heutiger Sicht, sonst hätte ja wohl auch die enge Freundschaft zwischen den Familien, die sich in vielen Gesprächen entwickelte, nicht bis heute gehalten.

Überhaupt sind es Freundschaften aus jener Zeit, die – doch recht schnell geknüpft – auch noch nach 10 Jahren frisch sind und halten, auch wenn man sich mitunter sogar Jahre nicht sieht. Das Personal, das sich rührend um uns kümmerte, versuchte zu helfen wo und wie irgend möglich, Obst besorgte, Spielzeug für die Kinder und ähnliches mehr, da fallen einem dann alle wieder ein und man freut sich einfach auf ein gelegentliches Wiedersehen.

Herr Weber, nach Prag Kulturattaché in Kopenhagen, lud uns nach Dänemark ein. Herr Leis, ein stundenlanger Gesprächspartner, wird im 10. Jahr wiedergefunden. Der Hausmeister Herr Ruge wird noch gesucht. Neben Sicherheit, Ausreise und Freiheit sind diese Freundschaften der eigentliche Erfolg dieser drei Monate.

Aber so intensiv diese Freundschaften waren, so nahm man dann auch, trotz Freude über den endlich guten Ausgang, mit gewisser Wehmut Abschied in der Hoffnung, sich nicht gänzlich aus den Augen zu verlieren.

Allerdings ist es ja tatsächlich so, daß nach indiskutablen Gesprächen mit den Herren Vogel und Gysi, nach den immer unhaltbareren Lebensumständen durch immer mehr Flüchtlinge der Wunsch nach Ausreise immer übermächtiger wurde und dann die Ausreise am 01. 10. 1989 die ersehnte Erlösung war, auch wenn uns nicht bekannt war, wie es weitergehen würde. Aber ausreisen wollten wir ja, endlich neu beginnen können.

Angenehmst überrascht waren wir auch über die Prager Bürger, die unseren Treck zum Bahnhof mit Zustimmung, Beifall und Winken begleiteten, uns, die wir dort auch irgendwie Eindringlinge oder doch Unruhestifter waren.

Abgeschlossen wurde für uns damals der Abschnitt Prag-Botschaft, als uns der Botschafter Herr Huber persönlich auf dem Bahnsteig verabschiedete, meine Frau und Kinder so innig und ausgiebig drückte und alles Gute wünschte, daß kein Sitzplatz mehr erreichbar war. Aber was sind in solchen Lebenslagen Sitzplätze, Bequemlichkeit?

Ein überfüllter Zug, kalt und schmutzig, ist, wenn man nach drei Jahren Zwangsumsiedlung, drei Monaten Ungewißheit in der Botschaft endlich das Ziel der Ausreise erreicht hat, das wohl schönste Gefährt der Welt, erst recht dann, wenn er sich langsam in Bewegung setzt, zum eigentlichen Ziel.

Alles fest im Griff: Ganze Familien klettern über die Mauern

Zweckentfremdet: Sperrgitter werden zu Kletterhilfen

Flagge und Bundesadler über dem Portal der Botschaft

Interview mit Axel Kuhn (Auszüge)

aufgezeichnet von Robert Lebegern

Axel Kuhn, 1978 in Eisenach geboren, verbrachte bis zur Zwangsaussiedlung seiner Eltern seine Kindheit in Lutzberg, einem kleinen Weiler im DDR-Grenzgebiet an der innerdeutschen Grenze zwischen Eisenach und Bad Hersfeld. Seine Eltern hatten 1986 einen ersten Ausreiseantrag gestellt, der aber nicht genehmigt worden war. Axel erlebte im Alter von elf Jahren die Ereignisse in der Prager Botschaft. Im nachfolgenden einige Auszüge aus dem Interview mit Axel Kuhn, das im Februar 1997 geführt wurde:

„Also, 1986 haben die Eltern einen Ausreiseantrag gestellt. Wir haben in einem kleinen Ort gewohnt. Der bestand nur aus drei Häusern auf einem Berg, das eine Haus davon bewohnten meine Eltern. Auf diesem Berg bin ich mehr oder weniger die erste Zeit meines Lebens groß geworden.

Als die Eltern schließlich einen Antrag stellten, ein Jahr später dann, sind wir von diesem Haus umgesiedelt worden. Also für mich als Kind war das irgendwie total komisch. Weil morgens klopfte es an die Tür, meine Eltern öffneten die Tür und es stand Polizei, Armee und alles mögliche da, mit Gewehren, also wir hatten ziemlich Angst gehabt. Wir sind aufgewacht im Bett, und plötzlich standen zahlreiche Leute mit Gewehren in unserem Zimmer. Sie sagten: ‚Sachen zusammen packen‘ und: ‚Wir fahren jetzt weg‘. Meine Eltern habe ich nur noch kurz gesehen. Meine Mutter meinte: ‚paß auf, wenn sie euch wegfahren, dann wird euch nichts passieren. Und eßt ja nichts.‘ Weil es war ja immer so eine Sache, man wußte ja nie, was die einem so geben, und es war auch Staatssicherheit mit dabei.

Und dann ging es schließlich ca. 150 km weiter ins Binnenland hinein, in eine Wohnung, und es war der totale Schock. Denn diese Wohnung war viel kleiner, viel weniger Platz und sie war auch nicht in einem so besonderen Zustand. Es war erst einmal einfach nur Schikane für die Eltern, weil Sie einen Ausreiseantrag gestellt hatten. Im Nachhinein hatte sich herausgestellt, daß dieses Haus, in dem sie (die Eltern) gewohnt hatten, ein Stasifunktionär haben wollte. Es (dieses Haus) war auf dem Berg und eine Jagd war auch mit dabei. Und da waren sie halt ziemlich spitz darauf.

Und schließlich mußte ich dann dort in diesem neuen Ort zur Schule gehen, das war ein erneutes Problem. In der Klasse (war ich) „ein Neuer“ und die Lehrerin meinte dann: ‚Ja das ist jetzt jemand, also ein Staatsfeind mehr oder weniger, weil der gegen das Regime ist. Denn seine Eltern sind gegen den Staat.‘ Mit den anderen Klassenkameraden ging es zunächst ziemlich schlecht, weil ja alle nun gegen mich waren. Bei bestimmten Sachen, die die Klasse unternommen hat, hieß es, der kann da nicht mitmachen. Ich war auch kein Pionier, das war auch so üblich. Meine Eltern waren ziemlich kirchlich (eingestellt), die haben sich das auch nicht nehmen lassen. Dadurch gab es leichte Probleme auch mit dieser Lehrerin. Am Ende hat sich mein Vater mit ihr einmal unterhalten und es gab dann auch ziemlich viel Ärger. Und diese Lehrerin hatte schließlich dann auch eingesehen, daß sie meine Eltern nicht von dem Entschluß abbringen konnte, den Ausreiseantrag zu stellen bzw. ... in den Westen zu wollen. Diese (Lehrerin) war ziemlich kommunistisch, vom alten Regime. Aber sie hatte dann gemerkt, daß es so nicht geht, und sie hat mich dann verstärkt auch in der Schule dran genommen, daß ich etwas lerne, weil sie wußte, daß wir irgendwann einmal in den Westen kommen und ich das Gymnasium besuchen werde.

Später dann, 1989, sind die Eltern dann am letzten Zeugnistag – ich wußte davor schon Bescheid, eigentlich wußte es jeder in der Familie von meinen Geschwistern, außer meiner Schwester, die hatte ein bißchen viel geredet als kleines Kind – sind wir am selben Tag, das war der 30. Juni 1989 abends in den Zug gestiegen und sind nach Dresden gefahren. In Dresden angekommen, ging gleich ein weiterer Zug nach Prag. Das hieße allerdings, wenn wir in Prag ankommen, sind wir die ganze Nacht dort. Und das fällt etwas auf, deshalb haben wir dann den nächsten Zug genommen. Meine Eltern haben sich das ziemlich genau überlegt gehabt. Wir sind dann am nächsten Tag in Prag angekommen und irgendwie hat man sich ziemlich unwohl gefühlt. In der Nacht gab es scheinbar auch Ärger im Zug. Ich weiß nicht warum, ich habe geschlafen. Meine Eltern haben mir das später erzählt, wegen Ausweisen usw. Scheinbar gab es da Anweisung oder Listen, daß bestimmte Leute nicht ausreisen sollten, ich weiß es auch nicht genau.

Wir waren dann am nächsten Morgen früh in Prag und sind ein bißchen durch die Stadt gelaufen, weil es noch ziemlich zeitig war. Wir sind dann an die Botschaft gekommen, einmal vorbeigegangen, ein zweites Mal und haben dann schließlich geklingelt. Es war ja geschlossen am Samstag. Langsam kam dann jemand von der Botschaft. Mittlerweile war ein Mann von der anderen Seite, ein Polizist hinüber gekommen und er packte sich meinen Vater am Arm. Ich war ganz verstört und meine Mutter ... die haben mehr oder weniger die Situation sofort erkannt und sind in die Botschaft hineingesprungen. Meine beiden Geschwister, die waren ziemlich schockiert und sind wie angewurzelt stehen geblieben. Mein Vater konnte sich dann irgendwie von dem (Polizisten) wieder losreißen, ist dann in die Botschaft mit meinen Geschwistern hinein. Und dieser Polizist mußte dann mehr oder weniger auch noch einen Schritt mit in die Botschaft rein. Das durfte er aber nicht, dann gab es deswegen wieder Ärger. Danach waren wir erst einmal da drin und es saß eigentlich jeder da und zitterte. Ich habe mich ziemlich schlecht gefühlt. Ich war froh, daß ich in der Botschaft war und ich wußte, daß ich jetzt in Sicherheit bin. Aber man war sich halt doch unsicher, was kommen wird.

In der Botschaft sind wir dann langsam etwas beruhigt worden. Die Leute, die da waren, haben sich um uns gekümmert. Sie haben uns gefragt, warum wir gekommen sind, bestimmte Daten wurden aufgenommen. Wir sind dann unter den Dachboden gekommen, wo sich auch schon mehrere DDR-Bürger aufgehalten haben. Die haben wir dann kennengelernt. Diese sind dann später aus der Botschaft heraus, die waren nur kurz da. Zu der Zeit, ab da war einen Monat oder etwas länger dann kein Mensch in der Botschaft außer unserer Familie. In der Zeit haben wir auch viele Menschen in der Botschaft kennengelernt, (auch) die Botschafter-Familie Huber, zu denen wir heute noch ziemlich guten Kontakt haben.

Und als sich die Botschaft dann langsam wieder füllte, Ende August und September, wurde es langsam eng im Garten. Wir waren immer noch unbehelligt dort oben im Dachboden. Die haben irgendwie dafür gesorgt, daß niemand weiter da hin kam. Wir wurden auch ziemlich mit Schulsachen und allem Möglichen versorgt. Mein Bruder wurde in der Botschaft eingeschult mit Zuckertüte von den Hubers usw. Irgendwie hat sich da eine ziemlich gute Beziehung aufgebaut gehabt. Schließlich, kurz bevor die Ausreise stattfand, es wußte ja keiner (wann), kam dann ein Anruf. Die Hubers haben zu uns gemeint, es geht nun mal länger und sie müssen auch noch ein paar Leute auf das Dach lassen. Dann haben sie ca. 150 Leute mit auf den Dachboden gelassen, die haben dort mit uns gewohnt. Das ging so 2-3 Tage und dann war der dritte Monat vorbei. Dann hieß es auf einmal, daß der Genscher da war und daß jetzt die Möglichkeit besteht, daß man ausreisen kann. Dieses Geschrei kam ja vom Hof und es wußte keiner, warum. Wir haben dann unten angerufen, vom Dachboden aus. Und da haben wir erfahren, daß es echt wahr ist. Die Freude war ja ganz groß und jeder war eigentlich wahnsinnig glücklich.

Dann ging es mit den Zügen langsam durch die Stadt von Prag. Die Leute, die in Prag waren, haben sich irgendwie mitgefreut, haben gewunken, sie haben sich gefreut. Sie waren nicht so, daß sie neidisch oder so waren. Das einzige, warum sich die Leute aus der Botschaft nicht wohl gefühlt hatten, war, daß es über das alte Gebiet der DDR gehen mußte. Aber die anderen Bürger wurden eben beruhigt und man hat ihnen gesagt, es fahren zwei Leute von der Botschaft mit und die sind halt im Notfall da. Die kümmern sich, wenn irgendetwas passieren sollte. Da kamen wir schließlich in Hof an. In der Nacht habe ich auch nichts gemerkt, weil wir haben ja geschlafen. Wir haben zum Glück ein paar Plätze gehabt, nur wir Kinder. Meine Eltern standen im Gang.

Wir kamen in Hof an, in der Früh. Da gab es einen heißen Tee, eine heiße Suppe und da war ich sehr dankbar dafür. Dann ging es erst mal darum, wo fährt man als nächstes hin, in welches Bundesland. Die Botschafter haben schon zu uns gemeint, bleibt in Bayern, das ist das beste und ihr kommt da sicher zurecht. Wir sind dann nach Hammelburg gefahren, das ist ein Ort in Unterfranken. Dort haben wir in einer Kaserne gelebt, die Eltern haben sich ein bißchen um alles gekümmert. Wir sind dann weiter an den Chiemsee, später dann nach Fürstenfeldbruck. Mein Vater hat sich dort um eine Arbeit gekümmert und später ist mein Vater nach Deggendorf versetzt worden, bis wir schließlich nach Hof gezogen sind.

Diese ganze Entwicklung vom Antragstellen bis zur Einreise nach Bayern, ich kann nur sagen: Es war zwar irgendwie ein holpriger Weg, aber im Endeffekt hat es nur Positives für uns gebracht. Und ich würde auch sagen, ich würde es auf alle Fälle wieder tun, wenn so etwas wäre. Weil so einem Regime sich zu beugen und bestimmte Sachen zu machen, was einem irgendwie total gegen die Natur geht, das muß man ja nicht. Man kann sich ja auch wehren und es ging auch dort.“

Warten und Hoffen

Eine Zeltstadt im Garten der Botschaft ist entstanden (im Hintergrund die Orangerie)

Warten im Ehrenhof der Botschaft

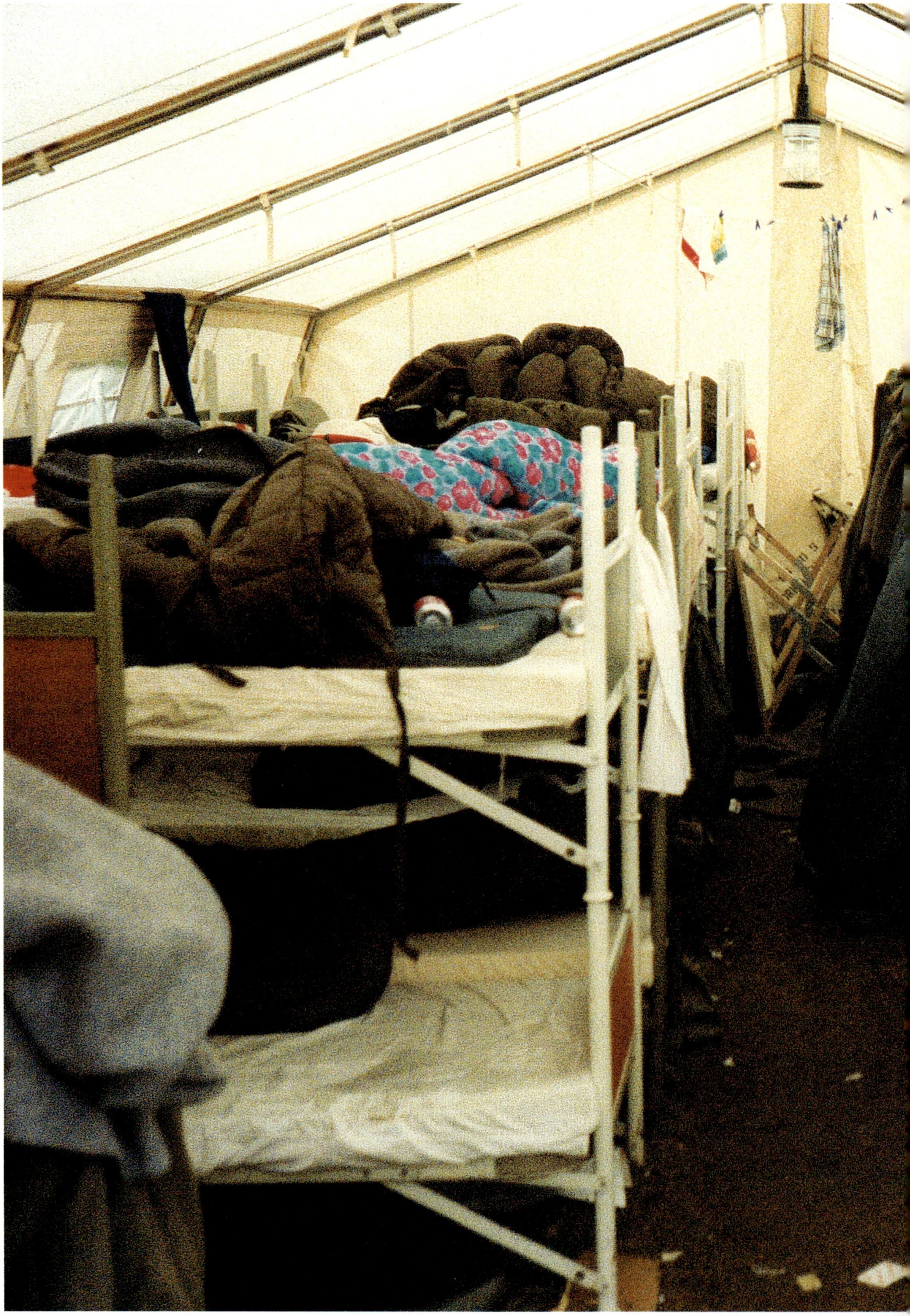

Zeltlager: Die Einrichtung der errichteten Notzelte

Die Zeltstadt als Kontrast zum Palast

Essensausgabe

Campingidyll?

Bettenburg in der Durchfahrt zum Ehrenhof

Die „Lagerküche“

Impressionen aus dem Lagerleben

Kinder „hinter Gittern“ – aber nahe der Freiheit

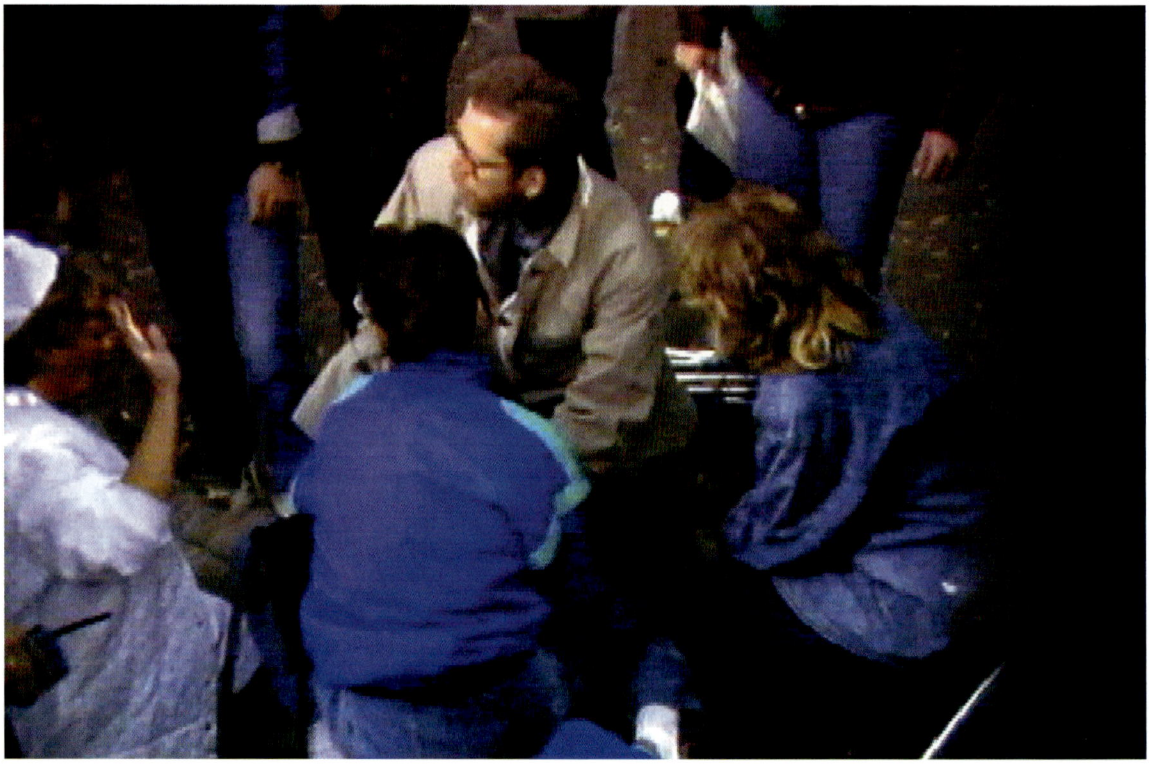

Beschäftigung im „Lager“: Briefeschreiben, Gespräche

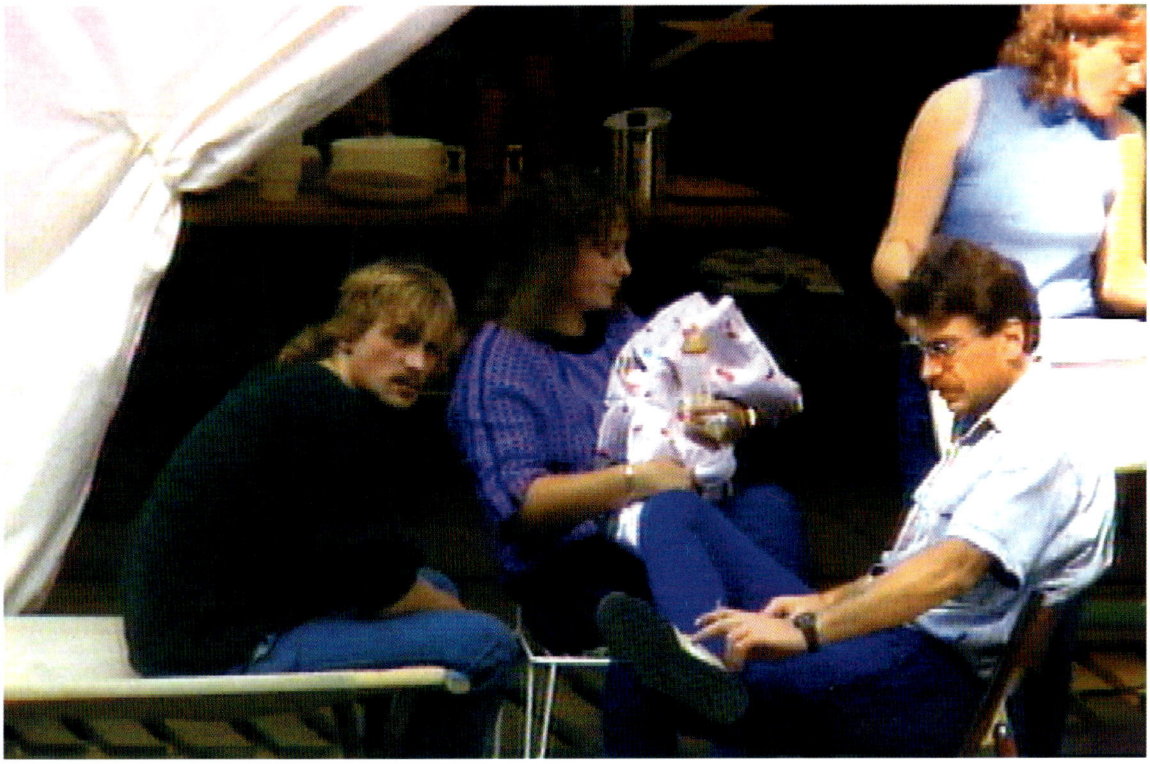

Hoffnung, Zweifel, Ungewißheit

Von neuen Perspektiven träumen ...

Am Puls der Geschichte

von Reinhard Beuthan

Zu den tausenden DDR-Flüchtlingen, die vor dem 1. Oktober 1989 die deutsche Botschaft in Prag bevölkerten, gehörte auch ich. Diese historischen Tage zwischen diplomatischen Aktivitäten, Dauerbelagerung durch internationale Presse, Lebensumständen am Rande der Erträglichkeit auch für Hartgesottene und 1000 Visionen von Freiheit werden allen Beteiligten wie auch mir ewig in Erinnerung bleiben.

1. Prolog
Wie die meisten Flüchtlinge hatte auch ich eine Widerstandsodyssee mit Parteiaustritt, abgelehnten Ausreiseanträgen, beantragtem und abgelehntem Ungarn-Visum hinter mir. Der Druck des Honecker-Regimes war allerdings in den Jahren 1987-1989 nicht mehr so groß, so daß ich ernsthaftere Repressalien nicht erleben mußte. Dazu wurde ich als angesehener Kinderarzt sowieso von allen gesellschaftlichen Gruppen gebraucht, denn auch „linientreue“ Familien hatten Hilfe für ihre kranken Kinder nötig.

2.
Der Sommer vor der Wende brachte zunächst die unglaublichen Ereignisse von Ungarn, wo „Kinder des Sozialismus“ angesichts eines Picknicks (Paneuropa-Union) an der Österreich-Grenze einfach ganz locker in die Freiheit spazieren konnten.
Wir glaubten, daß diese von der ungarischen Regierung tolerierten Maßnahmen für uns nur Verschlechterung und einen völligen Stop der Reisemöglichkeiten bringen können.

3.
Die Nachrichten von Botschaftsbesetzern in Prag verdichteten sich Ende August. Ungläubig diskutierten wir im Freundeskreis die Chance dieser Leute, das Ostblockland ČSSR Richtung Westen zu verlassen. Wütend bellte die DDR-Presse gegen angebliche Verletzung der diplomatischen Regeln. Die bereits offiziell geschlossene deutsche Botschaft in Prag hatte plötzlich hunderte „Campingurlauber auf Ausreisekurs“. In unserer Familie lautete die Frage: „Passen wir da auch noch hinein?“ Nachdem wir in der Nachbarschaft ein befreundetes Ehepaar besuchten und Christel (ebenfalls Ärztin) bereits mit Freundin nach Prag unterwegs war (Familie noch zuhause) gab es nur noch die Frage: „Wer fährt nach Prag?“ Die Wahl fiel auf mich, weil wir die Chance, mit Kindern über die Grenze zu kommen, gering einschätzten.

28. September
Ich starte (von der Klinik eine Woche beurlaubt) alleine auf die früher geliebte Urlaubsstrecke nach Prag. Mein Auto ist beladen mit Motor-Rennsport Fan-Material und mein offizieller Kurs (für evtl. Verhöre) führt zur Grand-Prix-Strecke Brünn, wo ich am Wochenende als Rennsportfunktionär wirken will.

Der erste Konfrontationspunkt im herbstlich-nebligen Erzgebirge liegt ca. 5 km vor der Grenze: Bewaffnete Hundestreife, Gesichter zur Faust geballt. „Wo wollen sie hin?“ Papiere etc.

Die zitternden Finger finden den Ausweis nicht. – Liegt er zuhause? Nach minutenlangem Wühlen im angefüllten Auto habe ich ihn. Mit dem Gefühl, Adrenalin für ein halbes Jahr in der Blutbahn zu haben, fahre ich zur Grenze. Hier dann kein Pardon: Grenz-Truppen, Zoll. Auto ausräumen. Qualvolles Warten in einer stillen Garage. – Koffer, Taschen und Kopfstützen etc. auf's genaueste durchsucht und sogar geröntgt.

Alte Autokarten mit eingezeichneten Urlaubsrouten erregen Verdacht, Verhör „warum, wohin" etc. wie ein Wunder dann der „Befehl": Weiterfahren.

Mit einem Gefühl wie nach einer achtstündigen Examensprüfung (todmüde aber erfolgreich) dann Weiterfahrt nach Prag. Kein Blick für die Sehenswürdigkeiten der Stadt und die schönsten Frauen der Welt. Dafür ängstliches Registrieren jeder Polizeistreife. Ich fahre zu lieben Bekannten in den Außenbezirk Kunratice. Die tschechische Gastfreundlichkeit deckt mich für eine Stunde vollkommen zu, es gibt heißen Tee und Buchty. Das Auto ist bereits im Schuppen getarnt, da auch sie Angst vor dem Geheimdienst haben.

Jindřiška, Pavel und ich fahren mit dem Škoda in die Altstadt und vereinbaren dort, kein Wort deutsch zu sprechen.

In der Stadt eine merkwürdige still-brenzlige Atmosphäre und überall Polizei. Ich verabschiede mich und laufe mit meinen zwei Touristenbeuteln so unauffällig wie möglich die Gasse aufwärts zur deutschen Botschaft. In dem malerischen Gäßchen begegnen mir wirklich nur Militärs und Polizisten mit argwöhnischen Blicken.

Die schmale Gasse zum Botschaftsgarten ist dunkel und mich verläßt der Mut als aus dem Dunkel zwei MPI-bewaffnete Soldaten heraustreten. Ich drehe mich um und betrete ein Krankenhausfoyer. Mit Pulsrasen und Schwindel sacke ich auf eine Bank und kann der fragenden Krankenschwester erstmal nichts erklären. „Fehlt Ihnen etwas, Sie sehen schlecht aus." – „Mir fehlt einiges, bitte lassen Sie mich einen Moment ausruhen." Später gehe ich erschöpft zurück zum Parkplatz wo Jindřiška und Pavel vereinbarungsgemäß noch eine Stunde gewartet hatten. Wir beschließen, den zweiten Versuch am kommenden Vormittag zu machen.

29. September, Freitag

Ich fahre diesmal mit dem Taxi in die Nähe des Botschaftsgartens. Die Taxifahrer wissen schon Bescheid. Der meine ist ernst und seine Meinung zu den politischen Ereignissen bleibt unklar. Ich denke daran, daß in der DDR der Stasi überall seine Mitarbeiter hatte, auch Taxi-Piloten.

Der Zaun. Im Fernsehen dutzende Male taxiert. Da ist er und Helfer zum Überklettern gibt es auch. Gedanken an Kriegsschauplätze, verschlafene Gesichter, Schlamm, Schlangen an Toiletten und Essensausgabe. Es herrschen aber System und auch eine wohltuende Zuversicht im Chaos.

Punkt eins der Lagerphilosophie:

„Wir bleiben bis zum bitteren Ende!" Heimlich denke ich an meine wohlig warme Wohnung mit Bett. Nach etwa einer Stunde bin ich Lagerarzt und Stabsangehöriger. Militärische Erfahrung und medizinische Improvisation sind gefragt. Hier ein epileptischer Anfall, da eine drohende Geburt, dazwischen ein bißchen eitriger Ausschlag, Medikamente, Sprechstunde, Verband – na prima. Als Arzt bist du höchstens mal eine halbe Stunde ohne Arbeit, egal wo auf der Welt.

Man trifft Bekannte, nach Stunden sehe ich Christel, der Jubel ist riesig. Abends organisiere ich Coca Cola und etwas Eßbares. Wir genießen es auf der Treppe des Nebengebäudes, wo Christel auch schläft.

Ich besichtige einen Schlafraum für geflohene Stasi-Familien. Daß die auch hier sind muß geheim bleiben, man befürchtet eine Revolte gegen sie.

Im Lager sind schon Stasi-Spitzel bekannt, die auch die Flüchtlingsrolle spielen. Unsere Instinkte sind gut und die lieben Genossen schnell überall bekannt.

30. September, Samstag
Der Zaun. – Jetzt von innen. Die Weltpolitik symbolisierend stehen draußen Kamerateams aus aller Herren Länder, zivile Geheimdienstler, bewaffnete tschechische Kräfte. Zwischen diesem Menschenauflauf ein ständiger Zustrom von neuen Flüchtlingen, die hereinkommen. Die Zahlen der Botschaftsbesetzer werden alle paar Stunden bekanntgegeben. Im Lagerstab und beim Botschaftspersonal wird bis zur Erschöpfung gearbeitet. Die Organisation, die eben noch auf 800 Personen zugeschnitten war, bricht praktisch zusammen, als wir 3000, 4000, ja sogar 5000 zählen. Nun geht nichts mehr, weder Toilettenbesuch noch Insulinspritze oder Essensausgabe. Es stellen sich wieder Visionen von Gefangenenlagern ein, von Epidemie, Revolte, unbeherrschbaren Verhältnissen. Alle 10 Minuten eine neue Nachricht aus der Politik und ab und zu ein vager Blick hoch zur Prager Burg, wo in geringer Entfernung von der tschechischen Regierung auch über unser Schicksal entschieden wird. Man spricht von neuen Lagern außerhalb der Stadt. Abends plötzlich neue Aktivitäten, ein Fernsehteam baut sich mitten im chaotischen Menschengewimmel auf. – Beleuchtungsprobe für den Balkon des Botschaftsgebäudes. Einige Flüchtlinge wollen Außenminister Genscher gesehen haben. Will er uns Mut machen, oder war es nur eine Fata Morgana? Was kann er bekanntgeben? Wir rechnen mit Durchhalteparolen oder auch einem Versuch, uns wieder zurückzuschicken. Ich stehe mit Christel unterhalb des Balkons und wir wissen nicht, ob wir träumen, als Herr Genscher wirklich zu uns spricht. Tausende sind gespenstisch still, um nach seiner Ausreisezusage in ohrenbetäubenden Jubel auszubrechen. In wenigen Minuten verwandelt sich Lethargie in Ameisenethik: Wer fährt wann in welcher Gruppe? „Bloß die Kinder nicht verlieren!“ Auf Initiative der allein Angereisten (Familie in der DDR) handeln Minister Genscher und Staatssekretär Seiters in der Nacht mit der DDR-Regierung noch die Zusage aus, daß die Familienangehörigen binnen ca. 8 Wochen in die Bundesrepublik ausreisen können. Auch in dieser Nacht gibt es die sozialistische Macht noch und wir denken nicht daran, daß sie verschwinden könnte.

1. Oktober, Sonntag
Der Lagerstab verläßt nachts als letztes die Botschaft. Wo ist eigentlich der komische Typ aus unserem Zelt hingekommen? Wir vermuten, daß der Stasi seine Flüchtlings-Spitzel mit Bananen gefüttert und wieder nachhause zu Mutti gebracht hat. Zu Fuß durch das sozialistische Prag zum Bus! – Ein unheimliches Gefühl! Nirgends sehen wir mehr Polizei, und auch die DDR-Geheimdienstler mit den Stasi-Normgesichtern und -anzügen sind plötzlich nicht mehr da. Noch einmal Angst, als wir auf dem, von Flüchtlingen voll besetzten, Peripherie-Bahnhof stundenlang auf den Zug warten. Haben die uns vergessen? Plötzlich wieder Polizei rund um die Bahnhofshalle. Ein Anruf bei Jindřiška von

einer Telefonzelle erscheint riesig gefährlich. Von der tschechischen Polizei festgenommen und zurück in die DDR – soll ich das riskieren? Es geht gut, und schließlich sitzen wir auch im Zug. Es gibt keine Information mehr. Wir fahren über DDR-Gebiet, und in die Angst mischen sich unglaubliche Gefühle, als wir auf Wiesen und Bahnsteigen Menschen mit Plakaten sehen, die Freiheit und „wir sind das Volk" signalisieren.

Kaum faßbar, was da in wenigen Tagen geschehen ist. – Die Züge in die Freiheit von DDR-Bürgern mit Plakaten gefeiert. – Wo sind die kraftstrotzenden Verteidiger des Sozialismus geblieben? Wir erleben sie zum letzten Male, als der Zug von einem Stasi-Kommando (die Gesichter, die Anzüge ...) durchkämmt wird, die uns Ausweise etc. abnehmen. Nur die mutigsten unter uns trauen sich schon freche Pöbeleien. Bei Hof geht es dann über die Grenze, Erschöpfung und Siegesbewußtsein mischen sich zu einem einzigartigen Trance-Gefühl. Wir sind einem Regime entkommen, das wir immer noch so mächtig einschätzten, daß Mauerfall, Grenzöffnung und ein gesamtdeutscher Staat als völlige Utopie erscheinen.

Daß wir mit unserer Aktion die Tropfen waren, die das weltpolitische Faß zum Überlaufen brachten, erkennen wir in den kommenden Tagen am Fernsehgerät im Übergangswohnheim. Das riesige Erlebnis von Prag, sein glücklicher Ausgang, erwiesen sich binnen weniger Tage als kleine Begebenheit mit allerdings großer Wirkung. Der Zusammenbruch des sozialistischen Lagers, die Einheit Deutschlands, völlig neue Perspektiven für Europa waren neue Eindrücke, die die starken Gedächtnisbilder von Prag schnell abschwächten.

Ich kam noch einmal nach Prag zu Jindřiška und Pavel. Das war am 1. Dezember 1989 bei -25°C. Als ich mein Auto abholte – mit Tagesvisum und wider den Rat des Auswärtigen Amtes – druckte man in Kunratice Flugblätter. Der Zusammenbruch der sozialistischen ČSSR war nur noch eine Frage der Zeit.

Blick auf die „Speisekammer"

Nur am frühen Morgen kehrt Ruhe ins Lager ein

Bundesminister Genscher erscheint auf dem Balkon und spricht die erlösenden Worte

Die Spannung weicht der Freude über die bevorstehende Ausreise

BOTSCHAFT DER
TSCHECHOSLOWAKISCHEN SOZIALISTISCHEN REPUBLIK
5300 BONN-IPPENDORF · FERDINANDSTRASSE 27

Bonn, den 10. Oktober 1989

P R E S S   R E L E A S E

Tschechoslowakischer Protest gegen das Vorgehen der BRD-Behörden

Nachdem die DDR und die ČSSR am vorigen Wochenende aus humanitären Gründen die Ausreise der sich widerrechtlich in der Mission der BRD aufhaltendend DDR-Bürger erlaubt hatten, spitzte sich die Lage wieder zu. Im Widerspruch zu den Vereinbarungen zwischen den Regierungen aller drei Staaten wurde die Botschaft der BRD erneut dem Zustrom der DDR-Flüchtlinge geöffnet. Nach Übereinkunft zwischen den Vertretern der DDR und der ČSSR wurden am Mittwoch weitere Tausend Menschen mit Sonderzügen in die BRD gebracht. Gleichzeitig wurde der visafreie und passenfreie Reisenverkehr der DDR-Bürger in die Tschechoslowakei aufgehoben. Mit Bezug darauf, unterbreitete der Chef der Presseabteilung des Amtes des Präsidiums der Regierung der ČSSR Miroslav Pavel eine Erklärung, in der es unter anderem wie folgt heisst: Wir halten dieses Vorgehen der BRD-Behörden für unverantwortlich. Es steht im krassen Widerspruch zu international Eingegangenen regeln über die Arbeit der diplomatischen Missionen, die durch die Wiener Konvention über diplomatische Beziehungen von 1961 geregelt wird. Das Vorgehen der DDR-Bürger in Prag, das in einem direkten Zusammenhang mit diesem unverantwortlichen Schritt der BRD steht, verstösst in grobem Masse gegen die Ordnung in der Hauptstadt der Tschechoslowakei. Wir gewährleisten natürlich den freien Zugang durch den Haupteingang des Gebäudes der Botschaft der BRD in Prag. Wir räumen uns aber das Recht ein, in dem Augenblick, wenn wir es für notwendig halten werden, weitere unbedingt erforderliche Massnahmen zu treffen, um die Aufrechterhaltung und Wiederherstellung der Ordnung zu sichern.

Wir wollen ein offenes Land sein. Grundbedingung ist aber, dass dieser Prozess der Entspannung und Zusammenarbeit auf der

Basis der gegenseitigen Respektierung, Anerkennung der Souveränität und Nichteinmischung in die inneren Angelegenheiten der anderen Staaten stattfindet.

Im Aussenministerium wurde am Dienstag dem BRD-Botschafter in der ČSSR Hermann Huber eine offizielle Note überreicht. Es heisst darin, dass die Tschechoslowakische Sozialistische Republik mit ihrer entgegenkommenden, humanitären, aber gleichzeitig auch einmaligen Halltung zur Lösung der unerwünschten Lage der DDR-Bürger beigetragen habe, die sich widerrechtlich auf dem Gelände der Botschaft der BRD in Prag aufgehalten hätten. Die ČSSR-Behörden hätten erwartet, hiess es ferner in der Note, dass die BRD-Behörden alle Massnahmen treffen um diese Situation in Zukunft unmöglich zu machen. Die Gewährung des Aufenthaltes für die DDR-Bürger stehe im Widerspruch zum Sinn und zu den Funktionen diplomatischer Missionen, wie das in der Wiener Konvention über diplomatische Beziehungen geregelt wurde.

In Anbetracht dessen, dass die auf dem Gebiet der ČSSR tätige Botschaft dieses widerrechtliche Vorgehen weiter fortsetze, sei das tschechoslowakische Aussenministerium gezwungen, dagegen nachdrückli zu protestieren und dringend zu fordern, dass die BRD die Übereinstimmung der Tätigkeit ihrer Botschaft mit dem Völkerrecht sichert.

Die Haltung der BRD widerspreche auch den im Rahmen des Prozese von Helsinki gebilligten Dokumenten und stelle einen weiteren Beweis des Unwillens dar, die in Europa bestehenden Realitäten zu respektieren. Diese Handlungsweise trage auf keine Weise zur Stärkung des Vertrauens und der Entwicklung der freundschaftlichen Beziehungen bei, betont die Note.

Das Aussenministerium der ČSSR weist entscheiden auch die von der BRD vertretene Ansicht über die Pflicht, alle Deutschen zu schützen zurück. Diese Behauptung hat keine rechtliche Grundlage. Schutz kann den DDR-Bürgern nur die Deutsche Demokratische Republik als selbstständiger, souveräner und unabhängiger Staat leisten.

In diesem Zusammenhang möchte das Aussenministerium der ČSSR die Botschaft der BRD informieren, dass die tschechoslowakische Seite bereit sei, die notwendigen Bedingungen für eine normale und ordnungsgemässe Funktion der Botschaft der RBD auf dem Gebiet der ČSSR zu schaffen, hiess er ferner in der Note.

Mit Bussen werden die Flüchtlinge zum Bahnhof abtransportiert

Flüchtlingsbusse auf dem Kleinseitner Ring

Eine unvergeßliche Busfahrt

Flüchtlinge vor dem Bahnhof Praha Libeň

Zu den Bahnsteigen Richtung Freiheit

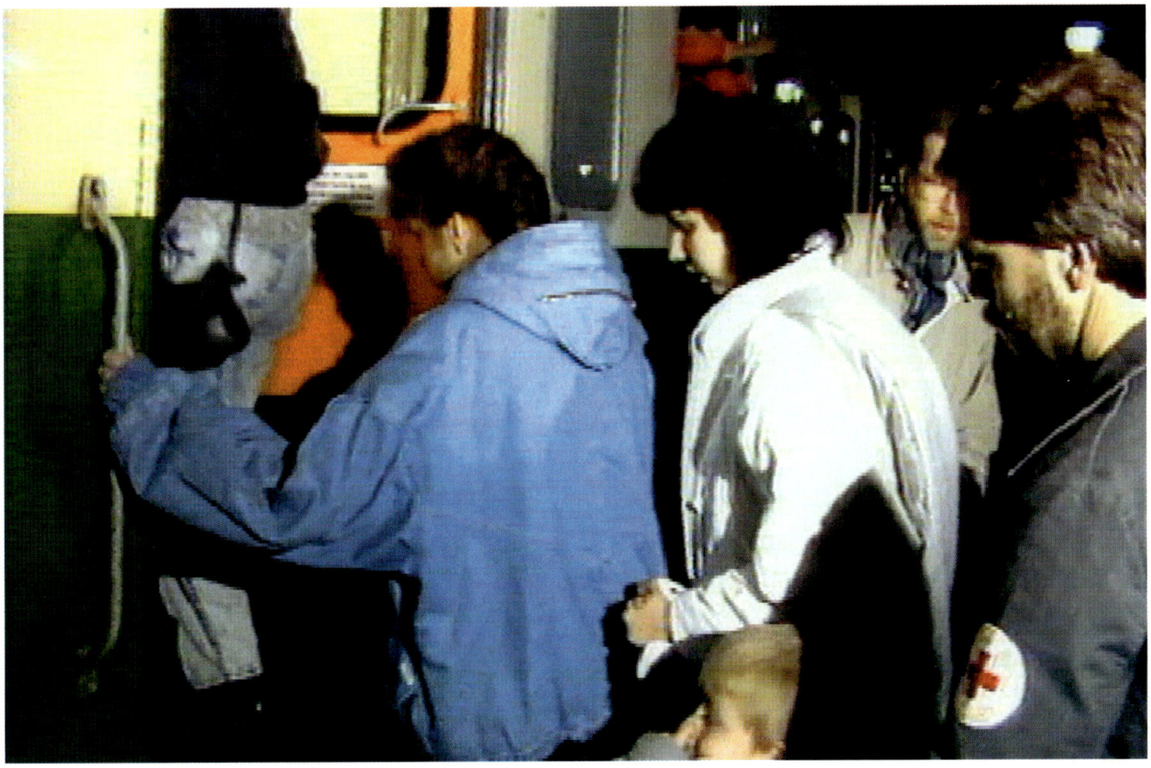

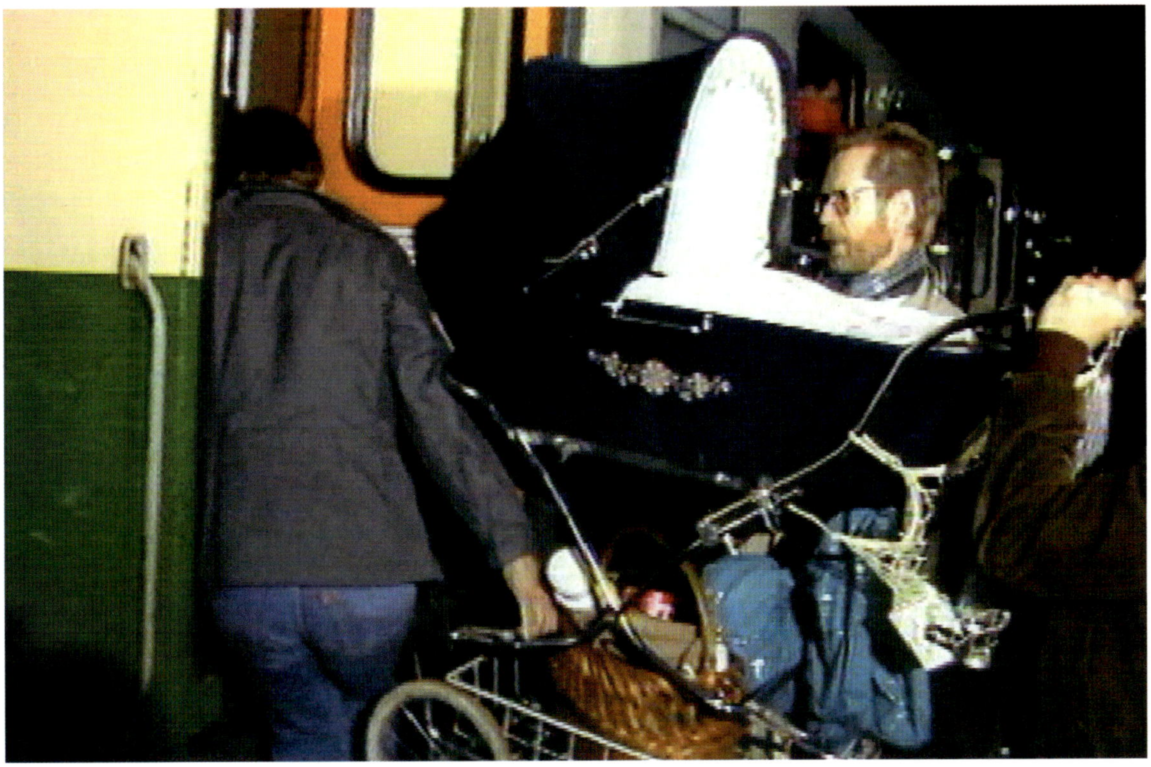

Die Flüchtlinge besteigen die Sonderzüge

Sonderzug in ein freies Land

Die letzte Reise mit der „Deutschen Reichsbahn“

Das verwaiste Botschaftgelände harrt der Putztruppe

EU
RK 28

Schlamm und Matsch – anstelle des einstigen englischen Parkes

Bericht der DRK-Einsatzeinleitung Prag

Nachdem die Flüchtlinge am 01.10.89 die Botschaft verlassen hatten, blieb ein katastrophaler, hygienischer Zustand zurück.

Überall Müll, Lebensmittelreste, verschmutztes Umfeld durch Urin und Kot und Decken und Schlafsäcke, die durch Körpergerüche und Absonderungen verschmutzt waren.

Mit den Aufräumarbeiten wurde umgehend begonnen, die jedoch durch die bereits am frühen Nachmittag eintreffenden Flüchtlinge ins Stocken kamen.

Die Flüchtlinge wurden dann in die Aufräumungsarbeiten miteinbezogen und richteten zusammen mit unseren Einsatzkräften die Schlafplätze her.

Es konnten dann im Laufe des Abends nur noch gebrauchte Decken, Schlafsäcke und Parkas ausgegeben werden, weil die Flüchtlingszahl explosionsartig anschwoll, und die Reinigung und das Nachführen sauberer Materialien in der Menge und der Kürze der Zeit nicht möglich war.

Dadurch konnten die hygienischen Voraussetzungen von vornherein nicht mehr erfüllt werden.

Das größte Problem waren die sanitären Einrichtungen.

Die Wartezeit vor den Toiletten dauerte eine halbe bis später 1 1/2 Stunden. Waschen - Körperhygiene war nicht möglich.

Der 2. Sanitärcontainer konnte wegen Platzmangels bis heute nicht aufgestellt werden. Somit befand sich der Sanitärbereich trotz ständiger Desinfizierung und Reinigung in einem menschenunwürdigen Zustand. Die Notdurft wurde im Zeltgelände und rund um die Häuser verrichtet. Fliegenplage und penetrante Gerüche gehörten in den täglichen Ablauf. Löschkalk konnte wegen der vielen Kinder nur in geringen Mengen verwendet werden.

Nachdem am 4./5.10. der zweite Flüchtlingsstrom die Botschaft verlassen hatte, wurde sofort mit den Aufräumungsarbeiten begonnen.

7.10.: Ab heute regnet es. Fakalien, Urin, Kot werden bedingt durch die Hanglage durch die Zelte geschwemmt.

Unter den Holzrosten in den Zelten liegen übriggebliebene Essensreste, die bis heute nicht beseitigt werden konnten. Diese beginnen zu faulen und verwesen und ziehen Ungeziefer an.

Die Einsatzkräfte können nur noch mit Mundschutz, Handschuhen und Schutzkleidung im Zeltbereich arbeiten (eigene Sicherheit). Der Geruch ist unerträglich. Das Müllproblem - Müllabfuhr ist mit vielen Schwierigkeiten verbunden.und bereitet große Sorge.

Der Sicherheitsabstand zwischen Küche und Müllplatz wird immer geringer.

Hohe Unfallgefahr besteht durch schlammigen Boden im Zeltbereich. Die Infektionsgefahr ist groß.

Die Wiederinstandsetzung der Zelte wird unter den oben geschilderten Umständen deutlich mehr Zeit in Anspruch nehmen als zunächst veranschlagt. Eine Belegung der Zelte unter den geschilderten hygienischen Umständen würde für die dort untergebrachten Menschen schwere Infektionsgefahren und das Risiko auf schwerste Gesundheitsschädigung mit sich bringen.

Die DRK-Einsatzgruppe wird auch unter den geschilderten, durch den einsetzenden Regen schwieriger gewordenen Bedingungen seine Aufräumarbeiten so schnell und effizient wie möglich fortsetzen.

Noch ahnt niemand, wie schnell sich die Zelte wieder füllen werden

Das Stadtwappen der Prager Kleinseite

Das Palais Lobkowicz

von Harald Salfellner

Zur Geschichte des Palais Lobkowicz

Wenn man in der Historie des Lobkowicz-Palastes stöbert, findet man wenig Aufregendes, nichts Spektakuläres zu berichten. Nichts in der Geschichte des Palastes deutete darauf hin, daß er dereinst, anno 1989, in allen Postillen Europas Beachtung und Erwähnung finden würde. Die Entwicklung und das Dasein scheinen dem Ort zu entsprechen, an dem erst diverse Vorgängerbauten und schließlich der Palast selbst errichtet wurden – einem abseits des lauten Prager Treibens gelegenen Platz am Fuße des nördlichen Hanges des sogenannten Laurenziberges (Petřín).

Im Mittelalter stand anstelle des heutigen Palais Lobkowicz ein Gebäude, das zum Besitz des Klosters Strahov gehörte. In einem Urbarium aus dem Jahre 1410 ist ein Mälzer Petrovic, ein Kleinseitner Bürger, genannt, der dieses Gebäude als Brauhaus gemietet oder wohl eher gepachtet hatte. Schon damals dürften zu dem Gebäude Weinberge gehört haben, die sich oberhalb desselben erstreckten.

Die Archivalien geben nur spärlich Auskunft über diese Zeit, immerhin nennen sie einen gewissen Jan Tomiš, in dessen Besitz das Gebäude sich um 1503 befand. Einem weiteren Aktenvermerk zufolge vermachte Anna Tomiš, vermutlich die Frau des obengenannten Jan, das Brauhaus mitsamt den Weinbergen ihrer Tochter Johanna und deren Ehegemahl Veit Kuneš. 1554 beanspruchte ihr Sohn Jakob Skála und dessen Frau Dorothea den Besitz – seit damals trug das Anwesen ihren Namen. Die Tochter Katharina übernahm den Besitz und vererbte ihn weiter an ihre Tochter, die einen gewissen Meister Bartholomäus Havlik geheiratet hatte. Leider sind uns nur die Namen der Eigentümer überliefert, vom Schicksal der bürgerlichen Hausbesitzer wissen wir nichts. Ihre Erben verkauften im Jahre 1616 den Skála-Hof für 600 Schock Meißner Groschen an einen Maurer mit dem klingenden Namen Thomas Trampolin, allerdings geriet dieser wenige Jahre später in Konflikt mit dem hochwürdigen Abt von Strahov. Unglücklicherweise konnte er seinen Besitz nicht ausreichend dokumentieren, so daß man ihn aufforderte, die Schlüssel der Stube, der Kammer und auch des Kellers zu hinterlegen. Der Streit ist nicht mehr genau nachzuvollziehen, allerdings sah der Maurer Trampolin wohl ein, daß er und seine Familie auf dem kürzeren Ast saßen, und so unterwarf er sich der Strahover Jurisdiktion. Das Haus wurde ihm nun zwar in die Strahover Bücher eingetragen, allerdings hatte er einen jährlichen Zins von 4 Schock Meißner Groschen zu bezahlen, sowie auch ein Pfund Pfeffer und andere Naturalien zu erlegen.

Die Erben dieses wackeren Maurermeisters verkauften den Besitz, den man zu diesem Zeitpunkt bereits umgebaut und den Namen „Zu den drei Musketieren" gegeben hatte, im Jahr 1627 weiter, neue Eigentümer wurden der Richter der Strahover Jurisdiktion Phillip Bamberg (auch Tannenberg) und seine Frau Margarethe. Der hohe Kaufpreis von 1200 Gulden läßt jedenfalls auf eine beträchtliche Wertsteigerung schließen, die wahrscheinlich aus den Umbauten des Thomas Trampolin resultierte.

Als 1671 die Strahover Gerechtsame (Jurisdiktion) über die Häuser der Wälschen Gasse aufgehoben wurde, nahm man das Haus, das sich im Besitz der Witwe Tannenberg befand, in die städtischen Bücher auf. Wenige Jahre später scheint mit Franz Tyral ein neuer Eigentümer in den Verzeichnissen auf. Tyral erwarb das Haus für vermutlich 1258 Gulden. Doch auch er und seine Erben erfreuten sich nicht lange des Hauses „Zu den drei Musketieren". In den 90er Jahren des 17. Jahrhunderts ging das Gebäude, das nicht genau an der Stelle des heutigen Palais stand, sondern ganz erheblich in den Verlauf der Wälschen Gasse hineinragte, für 2000 Gulden an einen gewissen Karl Hübl von Straden.

Etwa zur selben Zeit begann der damalige oberste Münzmeister und nachmalige Gerichtspräsident Karel Přehořovsky von Kvasejovice Gärten und Weinberge, die sich in der Umgebung befanden, aufzukaufen; die Gründe sollten ihm die Errichtung eines standesgemäßen Herrensitzes ermöglichen:

> Zu Füßen der grünen Hänge des Petřín gelegen, hat das Palais Lobkovicz auf der Kleinseite mit dem gräflichen Nostitzschen Palaste einen der wichtigsten Vorzüge, ja geradezu eine der hauptsächlichsten Bedingungen eines aristokratischen Heims gemein: Auch dieser Palast liegt abseits des wirren Treibens des Großstadtlebens, und es zeugt von dem guten Geschmack des Stifters des imposanten Baues, des Grafen Franz Karel Přehořovský von Kvasejovice, daß er gerade diesen entlegenen Teil der Kleinseite dazu wählte, sich hier ein würdiges Heim zu schaffen. Graf Přehořovský bekundete einen feinen Geschmack und einen unleugbaren Scharfblick, als er in den Jahren 1697-99 die Grundstücke zu Füßen des Petřín an sich brachte, denn die reizend gelegene Stätte war wie geschaffen, um hier einen mit dem vornehmen Prunk jener Zeit ausgestatteten Palast entstehen zu lassen. Damals gab es hier allerdings nur ein einziges, offenbar nicht allzu komfortables Haus, „Zu den drei Musquetieren" genannt, sowie drei ausgedehnte Gärten. In einer einzigen Hand vereinigt und arrondiert, gab das alles zusammen einen recht hübschen Besitz, und der Graf wußte wohl, was sich aus diesen Gärten wird machen lassen, wenn eine berufene Hand mit ihrem Arrangement und der Aufsicht über dieselben betraut wird.
>
> Jaroslav Kamper,
> *Wanderungen durch Alt-Prag*

Die vorhandenen Akten und Handschriften geben beredt Auskunft über die verworrenen Besitzverhältnisse dieser Weingärten, die damals bepflanzt waren und so manchen Scheffel Wein hervorbrachten. Einige der Bauplätze, die man aus diesen Weingärten gewann, erwarb Jahrzehnte später, im ausgehenden 17. Jahrhundert, auch die Familie Lobkowicz.

1702 erwirkte Karl Přehořovský die kaiserliche Erlaubnis zum Erwerb des Hauses „Zu den drei Musketieren" sowie zur Errichtung eines Neubaues und zur Anlage eines großzügigen symmetrischen Gartens. Die Immobilie wurde in die Landtafeln eingetragen („*Das mit Zusammenziehung der Garten darauf zu sonderbarer Zierde der Stadt kostbar erbaute Haus und dannen angelegten schönen grossen Lustgarten*"), der existente Bau abgerissen, und noch im selben Jahr werden wohl die Bauarbeiten begonnen haben. Für den aus einem südböhmischen Rittergeschlecht unweit von Soběslau stammenden Přehořovský muß dies ein erhebender Augenblick gewesen sein, schließlich war der Bau selbst für Prager Verhältnisse etwas Außergewöhnliches.

Graf Franz Karl Přehořovský schien ein ungemein vielseitiger und ausnehmend begabter Mann zu sein, denn er bekleidete in rascher Folge einige der höchsten Würden, die ihm sein Vaterland bieten konnte.

In den Jahren 1688-99 war er der oberste Münzmeister des Königreiches Böhmen, nachher Präsident des Appellationsrates, im Jahre 1705 wurde er Oberstlandrichter von Böhmen. Aber nicht allein hohe Würden, auch bedeutende Reichtümer hatte er erlangt und als Sprosse eines unbedeutenden Rittergeschlechtes konnte er sich rühmen, der Gläubiger seines kaiserlichen Herrn zu sein. Als Besitzer einer der schönsten Herrschaften Böhmens, Konopišt und Beneschau, und einer der höchsten Würdenträger des Landes empfand er natürlich auch das Bedürfnis, in der Hauptstadt des Königreiches einen seiner würdigen, eigenen Palast zu besitzen. Als Oberstmünzmeister faßte er die Idee und traf die Vorarbeiten zwecks Durchführung derselben, als Oberstlandrichter zog er in das prachtvolle neue Heim ein, denn der Bau des Palastes war im Jahre 1707 bereits beendet.

Jaroslav Kamper,
Wanderungen durch Alt-Prag

Verschiedenen (und im einzelnen auch recht vagen) Quellen zufolge soll sich eine Reihe prominenter Baumeister und Architekten an diesem Projekt beteiligt haben, darunter Giovanni Antonio Lurago, Giovanni Santini, Giovanni Batista Alliprandi, Christoph Dienzenhofer und auch Bartolomäus Scotti. Wie wir einer Klageschrift aus selbigem Jahr entnehmen, war dieser Bau „gegenüber dem wälschen Spital" im Jahre 1704 bereits aufgeführt. Man hatte sich mit den benachbarten Grundeigentümern Colloredo und mit der Kleinseitner Stadt über wasserbauliche Fragen nicht einigen können und deshalb einen Prozeß angestrengt. Der neue Palast zählte zu den wohl imposantesten Neubauten des damaligen Prag, auch wenn er um ein Stockwerk niedriger war, als wir ihn heute sehen.

Um 1713 gelangte der Besitz des ehemals wohlhabenden Přehořovsky, der in guten Tagen sogar dem Kaiser mit Geld hatte beistehen können, zur Versteigerung. Er hatte sich mit dem Bau wohl übernommen, und so verwundert es nicht, wenn eine Reihe von Handwerkern, unter ihnen ein Zimmermann, ein Schmied, ein Glaser oder auch der Stukkateur Thomas Soldati, ihre Forderungen bei der mit der Versteigerung betrauten Landtafel geltend machte.

Doch wider Erwarten sollte sich Graf Přehořovský seines neuen Heims nicht allzulange erfreuen. War es der kostspielige Bau, waren es andere Ursachen – es ist so schwer, heute über die Gründe, die den finanziellen Ruin des Grafen Přehořovský herbeiführten, Betrachtungen anzustellen. Das eine steht fest: Der Graf sah sich schon nach wenigen Jahren (1713) schuldenhalber gezwungen, seinen prächtigen Palast samt dem herrlichen Garten an den Freiherrn Johann Josef Bartoletti von Parthenfeld zu verkaufen, der ihm dafür 70.000 rh. Gulden und 400 Gulden Schlüsselgeld bezahlte. Die Herrlichkeit war somit nur von kurzer Dauer gewesen, der junge Glanz des Geschlechtes der Grafen Přehořovský von Kvasejovice rasch verblaßt. Graf Franz Karl starb im Jahre 1717 und mit seinem Sohne Hellfried, der auf der Brautfahrt nach Wien unterwegs den Tod fand, erlosch das alte südböhmische Adelsgeschlecht.

Jaroslav Kamper,
Wanderungen durch Alt-Prag

70.000 Gulden investierte der neue Eigentümer, der Makler Johann Josef Bartoletti für das Palais und für die Gärten mit dem gesamten Zubehör. Im Jahre 1717, also nur vier

Jahre später, tauschte er es mit großem Gewinn dem Grafen Franz Karl Liebstein von Kolovrat, dem Geheimrat, Wirklichen Kämmerer und Präsidenten des Landesgerichtes im Königreich Böhmen, für dessen Herrschaft Přestavlky.

1734 wechselte das Palais erneut den Besitzer. Die verwitwete Gräfin Antonie Černín von Chudenic, geb. Gräfin von Kühnburg, kaufte das mit 1160 Quadratmetern riesige Palais für 70.000 Gulden. Ihr Sohn, Franz Anton, dem sie es zueignete, verstarb allerdings fünf Jahre später, und so ging es an seine Tochter Maria Josefa Ludmila Černín von Chudenic. Als diese im Jahre 1753 dem Fürsten August Anton Josef von Lobkowicz ihre Hand zum ewigen Bund reichte, kam das Palais ins Eigentum jener Familie, die es bis ins Jahr 1927 bewohnen und ihm den bis heute gebräuchlichen Namen geben sollte: Das Palais wurde zum Prager Stammsitz des Hořín-Mělníker Zweiges der böhmischen Adelsfamilie Lobkowicz.

Fürst August Anton Josef von Lobkovicz (geboren im Jahre 1729) war in Rom in einem adeligen Stifte erzogen worden, trat in die kaiserliche Armee ein, aus welcher er nach dreiundzwanzig Jahren als Generalmajor schied, um sich der diplomatischen Laufbahn zuzuwenden. Er wirkte fünf Jahre als Kaiserlicher Gesandter in Madrid, doch gab er auch diese Karriere auf, um sich in seinem Prager Palaste, an dem er noch eine Etage aufführen ließ (noch heute sieht man an der Fassade des Palastes das Allianzwappen des Fürsten und seiner Gemahlin, geborenen Gräfin Černín), der Pflege der Künste und Wissenschaften hinzugeben. Er starb im Jahre 1803.

Jaroslav Kamper,
Wanderungen durch Alt-Prag

Der Baumeister Ignaz Palliardi dürfte in den 60er Jahren des 18. Jahrhunderts einiges an Arbeiten für den Fürsten August Anton Josef von Lobkowicz ausgeführt haben. So wird ihm von einigen Kunsthistorikern unter anderem auch der Anbau des obersten Stockwerkes des Palais zugeschrieben. Der Aufbau wurde wohl erwogen, nachdem das Gebäude bei einem Brand im Jahre 1766 beschädigt worden war. Ein Gutachten der vereidigten Baumeister Anton Haffenecker und Mathias Hummer bestätigte, daß Grund und Fundamente diesen Aufbau und dazu auch noch ein geplantes doppeltes Ziegeldach aushalten können. Es ist zwar nicht wahrscheinlich, andererseits aber auch nicht auszuschließen, daß diese beiden Baumeister nicht nur mit der Überprüfung der Statik, sondern auch mit den Bauarbeiten betraut worden waren.

Da ein erhaltener Plan der Gartenanlage seine Unterschrift aufweist, kann man davon ausgehen, daß Palliardi sich auch an der Gestaltung des Gartens beteiligt hatte. Im Jahre 1768 kaufte die Familie Lobkowicz noch den angrenzenden Turbovksý-Garten, und zwei Jahrzehnte später konnten auch noch weitere Gartenflächen zugekauft werden.

Dem Fürsten August Anton Lobkowicz folgte sein Sohn Anton Isidor Lobkowicz (1773-1819). Er hatte als einziger von insgesamt 17 Kindern seinen Vater überlebt. Bis heute betrachtet man ihn als eine der bedeutendsten Persönlichkeiten aus dem gefürsteten Hause Lobkowicz. Anton Isidor war ein Förderer Carl Maria von Webers während dessen Prager Aufenthalten und gehörte zu den eifrigsten Wohltätern Ludwig van Beethovens, es ist also nicht auszuschließen, daß diese beiden Komponisten im Palast verkehrten.

Nach seinem Tode im Jahre 1819 wurde ein Inventarprotokoll erstellt, das die damalige Ausstattung des Palais dokumentiert.

Anton Isidors Sohn August Longin folgte als Eigentümer des Palais, im Jahre 1843 übernahm dessen Sohn und Erbe, seine Durchlaucht Oberstlandmarschall Georg Fürst von Lobkowicz und später dessen Sohn Friedrich den Besitz:

Ein baulich besonders schönes Palais gehörte dem Fürsten Friedrich Lobkowicz (die eine Linie dieser berühmten böhmischen Familie schrieb sich damals mit cz, die andere mit tz), es hatte einen großen Garten, der sich am Hang des Laurenziberges bis zur Spitze hinaufzog. Fürst Georg Lobkowicz, der Großvater meiner Frau, der als Landmarschall von Böhmen eine politische Rolle gespielt hatte, war nicht lange vorher gestorben; nach alter böhmischer Sitte, um ja nicht „aufzuhauen", hatte er die schönsten Sachen, die er besaß, nie verwendet, sondern alles sorgfältig verwahrt. Sein Sohn und Erbe, Fürst Friedrich, war sehr kunstverständlig, seine junge Frau hatte einen guten Geschmack für das Einrichten eines Hauses. Sie waren beide außerordentlich gastfreundlich, und wir jungen Studenten, die meisten entweder mit leeren Taschen oder von ihren Eltern sehr kurz gehalten, wurden dort freigiebig bewirtet. Überhaupt denke ich gern daran zurück, wie die reichen Leute damals an die weniger begüterten dachten. Im Jahr 1910 erwischte ich die Masern und lag in meinem großen Zimmer, von Frau Stiasny ein bißchen betreut, aber doch sehr verlassen; da ich der Masern wegen auch nicht lesen durfte, wäre mir die Zeit sehr lang geworden, wenn die Mutter meines Freundes Josef Zdenko Lobkowitz sich nicht jeden Tag eingefunden hätte, um mir, von abscheulichen Flecken bedecktes Ungeheuer, die Zeitung vorzulesen und mir die neuesten Nachrichten zu erzählen. Und zweimal täglich erschien ein Diener des Grafen Nostitz, der von der anderen Seite der Moldau in einem Korb, gut zugedeckt, ein ausgezeichnetes Essen brachte.

Fürst Friedrich Lobkowicz und seine Frau gingen mit Feuereifer daran, ihr Haus in den besten Stand zu bringen, aus den Depots wurden alle wertvollen Sachen geholt, eingelegte Barockmöbel, Sitz und Lehne mit petit-point Stickereien überzogen, – in der Biedermeierzeit waren sie weiß lackiert und mit Goldstäbchen verziert worden! – in ein kleineres Zimmer kamen vier besonders schöne Savonnerie-Teppiche an die Wand, ein Geschenk Louis XIV. an eine Ahnfrau Czernin-Merode; drei davon prangten noch in den herrlichen Farben, einer war etwas verblaßt. Friedrich fragte eine seiner Tanten, die 1828 geborene Prinzessin Zdenka Lobkowitz, ob sie sich an diese Wandteppiche erinnere, was sie bejahte, und als er dann meinte, der eine sei eher verblaßt, sagte sie sofort: „Oh, das weiß ich ganz genau warum, dieser eine lag am Boden in unserm Kinderzimmer, und damit wir keine kalten Füße bekommen, stellte das Kindsmädel Mařenka unsere Scherberln (Töpfe) drauf, wenn sie umgefallen sind, hat sie den Teppich immer ordentlich geputzt." Mehr als 40 Jahre später kam ich mit dem Direktor des Cleveland Museum, Mr. Milliken, zusammen, bei dem sich jetzt zwei dieser Savonneries befinden, ich fragte ihn, ob vielleicht der eine verblaßt sei, was er erstaunt bestätigte: er wüßte gerne den Grund dafür. Jetzt mußte ich natürlich erzählen.

Alfons Clary-Aldringen,
Geschichten eines alten Österreichers

1927, also bereits in republikanischen Zeiten, erwarb der Tschechoslowakische Staat das Palais mit allen zugehörigen Häusern und Gärten. Aus dem Palais abtransportiert wurde das noch zu Beginn des Jahrhunderts bewahrte kostbare Inventar, darunter Einrichtungsstücke aus der Zeit der Vollendung des Baus, Familienportaits, seltene Bronzen und kostbare Gobelins sowie die reiche Familienbibliothek, mit etwa 50.000 Bänden, Handschriften und Inkunabeln eine der größten Privatbibliotheken Böhmens.

In den Reiseführern der Jahrhundertwende fand diese private Bibliothek noch Erwähnung:

Das Palais Lobkowicz

Auf der rechten Seite der fürstlich Lobkowiczsche Palast, Wälsche Gasse 19 (Eintritt nach Anfrage beim Pförtner); er empfing seine gegenwärtige Gestalt im Jahre 1769 und enthält Sammlungen von Gemälden, Gipsabgüssen, Kupferstichen und Manuskripten; auch eine bedeutende Bibliothek von 50 000 Bänden ist in sechs Sälen aufgestellt.

Griebens Reiseführer,
Prag und Umgebung, 1911

Nach der Übernahme durch den Staat wurde das Gebäude vermessen und restauriert. Zugleich fertigte man genaue Pläne an, die bis heute im staatlichen Zentralarchiv aufbewahrt werden.

Nach Adaptierungsarbeiten fand das Palais Verwendung für eine Reihe verschiedener staatlicher Institutionen, darunter das Schulministerium, die archäologische Zentralverwaltung und schließlich das Außenministerium. Letzteres hatte hier zwischenzeitlich eine diplomatische Schule eingerichtet. Für einige Jahre war im Palais die Botschaft der Volksrepublik China untergebracht. Seit 1973 dient das Palais der Bundesrepublik Deutschland als Botschaft und Konsulat. Während der 70er und 80er Jahre war es zwar eines der von den tschechoslowakischen Behörden meist observierten diplomatischen Einrichtungen des Landes, doch zugleich war es zu einem stillen Refugium in der „normalisierten" ČSSR geworden. Als im Herbst des Jahres 1989 die Massenflucht von Bürgern der DDR das Ende der zementierten Nachkriegsverhältnisse einleitete, wurde das Palais für einige Wochen zum politischen Brennpunkt nicht nur Deutschlands, sondern ganz Europas. Nachdem über 4000 DDR-Flüchtlinge zum Teil seit Wochen notdürftig in Zelten untergebracht waren und am 22. August 1989 die Botschaft wegen Überfüllung geschlossen werden mußte, konnten die Wartenden am 30. September selbigen Jahres in den Westen ausreisen. Nachdem ein erster Sonderzug der DDR-Reichsbahn in Richtung Hof abgefahren war, sammelten sich sogleich wieder Tausende Ausreisewillige in den ansonsten so ruhigen Gassen um das Palais Lobkowicz.

Heute, ein Jahrzehnt nach diesen aufregenden Tagen, liegt der Palast wieder still an seinem etwas abgeschiedenen Platz unter dem Laurenziberg.

An manchen Tagen ahnt man seine ursprüngliche Bedeutung – die jeweils residierenden Botschafter laden dann, meist an hohen Feier- oder Gedenktagen, zu Empfängen. Den Alltag prägen wieder die im Ehrenhof geparkten schwarzen Limousinen, die vom Exkursionsprogramm gelangweilten Schülergruppen, der ewig gleiche Alltag des unvermeidlichen Amts- und Bürolebens. Der große Tag des Palastes scheint fern wie jene Brauerei des Mälzers Petrovic, die vormals hier betrieben worden war, und an die große Flucht erinnert nichts als eine Plakette am gartenseitigen Balkon des Palastes und der vierbeinige Trabant, der als Symbol der flüchtigen DDR und ihrer flüchtenden Bürger im Garten Aufstellung gefunden hat. Das Palais scheint von seinem großen Tag zu träumen.

Und es kommt schon einer mittleren Revolution gleich, von der die Kleinseite spricht, wenn einer der für wenige Jahre hier amtierenden Diplomaten anstatt auf dem Rücksitz eines Mercedes Benz mit dem Fahrrad die ansteigende ‚Wälsche Spitalgasse' hinaufkeucht. Die Bewohner der Kleinseite sind dankbar für solche kleinen Darbietungen, schauen dann aus ihren Fenstern hinüber zu dem mächtigen Palais und bereden das Ereignis mit Ehrfurcht.

Das heutige Erscheinungsbild des Palastes

Wenn man die leicht ansteigenden Gassen Tržiště (ehem. Marktgasse) und Vlašská (ehem. Wälsche Spitalgasse) in Richtung Laurenziberg hinaufwandert, passiert man die linkerhand gelegene altehrwürdige Lobkowiczer Weinstube (Vlašská 17), in der bereits seit dem 19. Jahrhundert die ‚Ludmila', der berühmte Hauswein der Lobkowiczer Domänen in Melnik, ausgeschenkt wird. An der anschließenden Einfriedungsmauer vorbei kommt man zu einem Platz, der an seiner Nordseite von einigen Bürgershäusern und dessen südliche Seite von dem imposanten Palais Lobkowicz begrenzt wird. Es drängt sich unweigerlich der Eindruck auf, daß der Platz die räumliche Conditio für dieses gewaltige Palais darstellt, daß der Palast und der Vorplatz ein unteilbares und von Anfang an gewolltes Ensemble bilden. Und dennoch ist das Gesamtkunstwerk nicht auf dem Reißbrett eines Architekten entstanden, sondern über Jahrzehnte hinweg gewachsen. Erst mit den Umbauten des Architekten Palliardi im 18. Jahrhundert erhielt der Palast seine beinah bedrohliche Größe und bis heute so gut wie unveränderte Gestalt.

Die „Krone" des Palais Lobkowicz, gesehen von der Zufahrtsrampe der Prager Burg

Die zur Straße hin gelegene Nordfassade

Dem auf dem Vorplatz stehenden Betrachter zeigt sich ein zweigeschossiges Palais mit einem Mezzanin, das aus einem sehr breiten, aber nur diskret betonten siebenachsigen Mittelrisalit und zwei untergeordneten Seitenflügeln besteht. Sowohl an der westlichen als auch an der östlichen Seite des Palastes schließen hohe Einfriedungsmauern an, die einen Wirtschaftshof bzw. den Prachtgarten zu der Straße hin abgrenzen. Durch diese Mauern wird die optische Täuschung eines Kontinuums erzeugt. Freilich ist dennoch nicht zu übersehen, daß der schloßartige Palast ohne Anbindung an die benachbarten Häuser frei steht und damit das an dieser Stelle dominierende Gebäude ist.
14 Prellsteine stehen vor dem hochbarocken Palais und flankieren die Rampe, die zu dem nüchternen, aber imposanten Portal in der Risalitachse führt. Diese Steine hatten das Gebäude vor schweren Fuhrwerken zu schützen, die es an dem abfallenden Gelände hätten beschädigen können. Auf den das Portal begrenzenden Steinsockeln ruhen Pilaster und freistehende Säulen, deren mit Girlanden und Widderköpfen geschmückte Kapitelle das Gesims der Balkondecke tragen.

In das reich mit Nägeln und Rosetten verzierte Portal, das mit Blech und gekreuzten Bandeisen beschlagen ist, hat man eine kleinere Türe eingelassen. Über dem Portal ziert ein barockes schmiedeeisernes Gitter die halbkreisförmige Oberlichte.

Während das durch eine Bandrustika gegliederte Erdgeschoß von zwölf länglichen, zum Teil vergitterten Fenstern durchbrochen wird, sind im glatten Mezzanin kleinere, quadratische Fenster eingelassen. Das dominierende erste Geschoß hat wieder beidseits der Achse je sechs Fenster und über dem Portal eine Balkontür. Die vierflügeligen Fenster sind mit schmucken Maskaronen und Blattgirlanden betont. Dieser Schmuck verursacht die Empfindung, der architektonische Schwerpunkt läge im ersten Geschoß. Auch das zweite Obergeschoß hat seitlich je sechs Fenster, jedoch mangels eines Balkones anstelle einer Balkontüre ein weiteres Fenster in der Mittelachse.

Die nördliche Front (Straßenfront) des Palais Lobkowicz

Mehr noch vom Vorplatz zur Prager Burg her als von dem kleinen Vorplatz des Palais imponiert der Dreiecksgiebel über dem Mittelrisalit, wenngleich man von dem fernen Beobachtungspunkt aus die Details dieses Tympanons nicht so gut erkennen kann: Aus einer Fürstenkrone springt ein Wappenmantel hervor, der ein Allianzwappen der Familien Černín und Lobkowicz umfließt.

Um den Mantel herum sind Fahnen, Geschütze, Waffen präsentiert. Dieses Kriegsgerät, wohl erbeutete Trophäen, muß vor dem Hintergrund einer Zeit betrachtet werden, in der das Kriegshandwerk eine für einen Aristokraten von Rang und Namen sehr ehrenvolle Angelegenheit war und in der man sich gerade in einem euphorischen Siegesgefühl ob der endgültigen siegreichen Überwindung der osmanischen Heeresmacht befand.

Hinter dem Tympanon ragt ein Attikaaufsatz hervor, auf dessen Pfeilern vier mächtige Steinvasen von Giovanni Pietro della Torre und vier Statuen eines unbekannten Meisters Aufstellung gefunden haben. Die aus Sandstein aus Božanov gefertigten Figuren sind zweieinhalb Meter hoch und wiegen je etwa eineinhalb Tonnen. Sie versinnbildlichen feindliche Mächte, denen die Christenheit ehemals ausgesetzt war. Die Figur mit der Krone spielt auf König Herodes an, der mit einem Turban bekleidete Koloß verweist auf einen türkischen Krieger. An die altrömische Christenverfolgung erinnert die Figur mit dem Schwert in der Hand (römischer Legionär) und die mit Lorbeer bekränzte Statue (römischer Heerführer).

Sandsteinstatuen auf dem Attikaaufsatz des Palais Lobkowicz

Gedenktafel (oben) und Balkon (unten) an der Gartenfront des Palais Lobkowicz

Die zum Laurenziberg gerichtete Gartenfront

Ist die Nordfront des Palastes zur Stadt hin gerichtet, so verschmilzt die südliche Front des Palais Lobkowicz mit dem Naturszenarium des Gartens bzw. des unmittelbar hinter dem Palast ansteigenden Laurenziberges. Diese Zweigestaltigkeit ist eines der charakteristischen architektonischen Merkmale des Palais Lobkowicz. Betont die nördliche Seite Macht und Stärke, so ist die südliche Fassade verspielt und intim. Der Eindruck einer reifen Frucht drängt sich auf, die sich öffnet und den im Fruchtfleisch eingebetteten Kern, den Ehrenhof, sehen läßt.

Diese südliche Hauptseite des Palastes wird Giovanni Battista Alliprandi zugeschrieben, der wohl Ideen des österreichischen Architekten Johann Fischer von Erlach aufgegriffen hat. Über dem Durchgang erhebt sich ein mächtig vorspringender zylinderförmiger Mittelrisalit, der bis vor wenigen Jahren mit einem Wasserbassin auf dem Dach seinen Abschluß gefunden hatte. Aus statischen Gründen kann dieses Bassin leider nicht mehr zu einem lauschigen Bad über den Dächern von Prag benutzt werden.

Der auf Säulen ruhende südseitige Balkon in Höhe des ersten Geschosses ist als jener Balkon in die deutsche Geschichte eingegangen, von dem aus der zu diesem Zwecke nach Prag angereiste damalige Außenminister Hans-Dietrich Genscher einer jubelnden Menschenmenge verkündete, daß ihrer Ausreise in die Bundesrepublik nichts mehr im Wege stünde.

Eine in die Mauer eingelassene Gedenktafel erinnert an diesen in die Geschichte Deutschlands und ganz Europas eingegangenen Augenblick.

„Wir sind zu Ihnen gekommen, um ihnen mitzuteilen, daß heute ihre Ausreise möglich geworden ist."

Bundesminister Hans Dietrich Genscher am 30. 9. 1989 an dieser Stelle zu den fast 4000 Flüchtlingen aus der DDR, die in der Botschaft Prag Zuflucht gefunden hatten.

Das winterliche Palais Lobkowicz (vom Garten her gesehen)

Blick in den Hauptfestsaal

Im Inneren des Palastes

Bevor er das Innere des Palais in Augenschein nehmen kann, durchwandert der Besucher die Durchfahrt, von der aus sich der Blick über den Ehrenhof auf den Garten öffnet. Die Decke ist mit Fresken, wahrscheinlich von Pietro della Torre, geschmückt. Im ovalen Deckenspiegel im ersten Teil der Durchfahrt ist symbolisch die ‚Herrschaft der Zeit über das Leben' thematisiert. Eine Frau hält eine kleine Lampe und eine Sanduhr in Händen, links von ihr umfaßt eine Amorette eine Glocke und – in Versinnbildlichung des Todes – eine nach unten gerichtete Fackel. Der das Leben symbolisierende Storch, den eine weitere Amorette mit der Hand hält, faßt mit dem erhobenen rechten Fuß einen Stein. Der liegende Löwe spielt auf Chronos, den Gott der Zeit, an.

Der Spiegel im zweiten Teil der Durchfahrt erzählt vom Sturz des Ikaros. Dieser war beim Flug mit seinem Vater Daedalos der Sonne zu nahe gekommen, so daß das Wachs, welches die Fittiche zusammenhielt, zu schmelzen begann und Ikaros ins Meer stürzte.

Im prächtigen Treppenhaus, das zu den Repräsentationsräumen hinauf führt, sind gerahmte Fotografien angebracht, die die Ereignisse des Jahres 1989 in Erinnerung rufen. Einige dieser Bilder wurden in den vorliegenden Band aufgenommen. Auf dem Podest am oberen Ende der steinernen Treppe steht ein reichverzierter Kandelaber aus Gußeisen, der mit einem großen „L" an die Adelsfamilie Lobkowicz erinnert, der das Palais bis vor etwa 70 Jahren gehörte. Es lohnt sich, den Blick hinauf zur stuckverzierten Decke zu schweifen zu lassen. Ein zu Beginn des 18. Jahrhunderts, als das Palais der Familie Liebstein von Kolovrat gehörte, entstandenes Deckenfresko stellt allegorisch Krieg und Frieden dar: Vor allerlei Waffen, Trommeln, Fahnen und Kriegstrophäen symbolisiert eine Frau mit zwei flammenden, von einem Blasebalg angefachten Fackeln sowie ein Mann in Rüstung den Krieg. Gleich daneben ist der Frieden in Gestalt einer Frau mit einem Palmenzweig dargestellt, die Amorette mit dem Anker vor ihr steht für die Hoffnung.

Die ganz rechts dargestellte Frau löscht mit ihrer rechten Hand die nach unten gerichtete Kriegsfackel. Rund um sie verheißt ein Haufen abgelegter Waffen und ein Kind mit Ährengaben, Weinreben und Früchten ein ruhiges Leben in Friedenszeiten.

Kandelaber mit Initiale der Adelsfamilie Lobkowicz

Deckenfresko im Treppenhaus: „Krieg und Frieden“

In den Jahren, in denen das Deckenfresko entstand, begann man auch, die Innenräume mit Wandmalereien auszuschmücken.

Durch den Raum vor dem Hauptsaal, in dem das Gastmahl der Musen dargestellt ist, gelangt man in den sich über zwei Geschosse erstreckenden ovalen Hauptfestsaal, der über insgesamt drei Portaltüren zugänglich ist. In den Supraporten dieser Türen befinden sich Medaillons mit Reliefszenen der Kämpfe des Herakles. Seit jeher ist dieser Raum die empfundene Mitte des Palastes sowie der zentrale Empfangsraum, und man ist versucht sich vorzustellen, wie die einzelnen, aufeinanderfolgenden Gastgeber hier residierten: Wie Anton Isidor Fürst Lobkowicz seine Gäste zu musikalischen Soireen empfing, wie die angehenden Diplomaten der ersten tschechoslowakischen Republik sich hier zum Cocktail zusammenfanden oder der chinesische Botschafter die Kader seines sozialistischen Bruderlandes empfing.

Im zweiten Stock des Gebäudes befinden sich die privaten Gemächer des Botschafters, die der Öffentlichkeit aus verständlichen Gründen nicht zugänglich sind. Eine Treppe führt von hier auf das Dach, von wo sich ein herrlicher Rundblick über die Prager Kleinseite bietet.

Impressionen aus dem Interieur des Palastes

Blick vom Ehrenhof auf das Gartentor und den dahintergelegenen Garten

Der Garten des Palastes

Besichtigt man in unseren Tagen den Garten des Lobkowicz'schen Palastes, so muß man schon über sehr viel Phantasie verfügen, um sich eine Vorstellung von der einstigen Pracht machen zu können, die der Gärtner Johann Georg Kapula zu Beginn des 18. Jahrhunderts für seinen Auftraggeber Graf Přehořovský verwirklichte. Kapula hatte gleich nach seinem Dienstantritt im Jahre 1698 damit begonnen, einen barocken Ziergarten anzulegen. Dieser erstreckte sich über mehrere von Rampenwegen verbundenen Terrassen den Laurenziberg hinan – noch heute kann man diese symmetrische Terrassenanlage im Gelände jenes der Öffentlichkeit zugänglichen, verwilderten Hanges des Laurenziberges ausmachen.

Diese Gartenanlage zählte bekanntlich zu den Sehenswürdigkeiten Prags und zeugt noch heutigen Tages von dem geläuterten Geschmack und der fachlichen Tüchtigkeit ihres Schöpfers, der mit viel Kunst alles, was ihm die Natur bot und was er hier bereits vorfand, seinen besonderen Zwecken und Absichten anzupassen verstand. Und im Grafen Přehořovský fand er auch einen geradezu idealen Auftraggeber, der seinerseits für die Größe und Schönheit des Entwurfes seines Farbenkünstlers das richtige Verständnis besitzen mußte, da er sonst wohl kaum auf den gewiß selbst zu jener Zeit recht kostspieligen Plan eingangen wäre. Es galt eben, für das alte, aber erst spät zu Ansehen und Macht gelangte Geschlecht ein würdiges, wahrhaft repräsentatives Heim zu schaffen.

Jaroslav Kamper,
Wanderungen durch Alt-Prag

Einem gegen Ende des 18. Jahrhunderts entstandenen „Situationsplan des Fürst Anton Isidor Lobkowitzischen Gartens“ können wir Einzelheiten über das Aussehen der Anlage zu jener Zeit entnehmen. Der Garten war damals ein riesiger Komplex, der sich über einen erheblichen Teil des Abhanges des Laurenziberges erstreckte. Mehrere Bassins, einige Treibhäuser sowie die heute noch stehende Sala terrena, deren Stukkaturen zu Beginn des 18. Jahrhunderts von Tomaso Soldati angebracht wurden, gehörten zu dem Garten. Hinter dieser Sala terrena, die in der nordöstlichen Ecke der ersten Terrasse errichtet wurde, steht noch heute ein Glashaus.

An den eigentlichen Palastbau mit seinem geräumigen Vestibül und den zahlreichen anheimelnden und dennoch prunkvollen Gemächern schloß sich der herrliche Garten an, dessen Eingang zwei mächtigen Statuengruppen, die den Raub der Sabinerinnen (vielleicht auch die Entführung von Nymphen durch Giganten) darstellten, flankieren, und in diesem Garten gab es alles, ohne dem die Gartenanlage eines Herrensitzes des achtzehnten Jahrhunderts nicht zu denken ist: Wasserkünste und geschickt angelegte Alleen, die perspektivische Täuschungen bieten, Bosketts und dekorative Vasen und selbstverständlich auch eine Sala terrena mit den unvermeidlichen mythologischen Freskogemälden, Karyatiden und der Mosaik aus Kieselsteinen. Und zu alledem die unvergleichlich schöne Stadt, auf die sich von oberen Partien des Gartens eine so entzückende Aussicht bot! Es war dies ein Besitz, um den den Oberstlandrichter wohl mancher seiner aristokratischen Genossen beneiden mochte, vornehm und bezaubernd schön, anheimelnd und dabei so repräsentativ.

Jaroslav Kamper,
Wanderungen durch Alt-Prag

Sandsteinfiguren am Eingang zum Lobkowicz'schen Garten

Im Hochbarock hatten sich auf der Kleinseite eine Reihe adeliger Familien, so etwa die Familien Thun, Ledebour, Pálfy, Kolovrat oder Fürstenberg Terrassengärten anlegen lassen – heute besinnt man sich dieser grünen Inseln innerhalb der Stadt wieder, man pflegt die Gärten, macht sie der Öffentlichkeit zugänglich.

Der ehemals bis hinauf zum heutigen Aussichtsweg auf dem Laurenziberg angelegte Lobkowiczgarten ist zwar ohne weiteres zugänglich, jedoch ist dieser nicht mehr zur Botschaft gehörende Gartenbereich verwildert und gleicht mehr einem verwachsenen Waldstück, denn einem kultivierten Garten. Freilich erahnt man in dem terrassenförmigen Gelände mit den sich dreimal kreuzenden Promenadenwegen noch heute die ehemalige Bestimmung und Konzeption. Romantiker kommen auf ihre Rechnung, so sie den Geschichten glauben wollen, die sich um die Reste verfallener Gemäuer ranken:

> Ein prächtiger Garten (allgemein zugänglich bis 7 Uhr abends) steigt hinter dem Palast terrassenförmig an einem Abhange des Laurenziberges an und enthält Mauerüberreste von Gebäuden jener Mohammedaner, welche durch Karl IV. aus dem Orient hierher berufen waren, um der Weberei persischer Teppiche und Schals Eingang zu verschaffen.
>
> Griebens Reiseführer,
> *Prag und Umgebung*, 1911

Im 19. Jahrhundert hat in diesem Garten der aus Marienbad stammende Gärtner Jan Skalník mit über 400 Pflanzen ein erstes ‚Alpinium', einen Steingarten, in Böhmen angelegt. Mag es auch sein, daß Böhmen am Meer liegt, an den Alpen hat es definitv keinen Anteil. Das änderte aber nichts daran, daß die alpinen Gebiete für die wohlhabende Prager Oberschicht zu einem vorrangigen Reiseziel wurden.

Schmiedeeisernes Gartentor

Seit damals hat sich die Vorliebe für Steingärten vom Alpinium des Prager Palais Lobkowicz ausgehend im ganzen Land bis hin ins kleinste mährische Dorf verbreitet.

Unweit dieses Steingartens wurde dem Dichter Jaroslav Vrchlický (1853-1912) – dem Übersetzer von Goethes *Faust* ins Tschechische – ein Denkmal errichtet. Nahe dieser Stelle, im höchsten Teil des Gartens, hatte Vrchlický ein Gedicht verfaßt, das hier frei übersetzt wiedergegeben sei:

Praha v květu	*Prag in der Blüte*
Moře zeleně a květů *od Žižkova ku Petřínu!* *Jako zázrak jiných světů* *leží Praha v stráni klínu* *Jak labutě mraky v letu* *nad ní běží, takže leží* *v jasu chvíli, chvíli v stínu.*	*Ein Meer von Grünem und Blüten* *Von Žižkov bis zum Petřín!* *Wie ein Wunder aus anderen Welten* *Liegt Prag im Schoß der Hänge* *Wie Schwäne im Flug, ziehen die* *Wolken über ihm, so daß es eine Weile* *Im Licht, eine Weile im Schatten liegt.*

Nur ein kleiner Rest der ehemals ausgedehnten Anlage, insgesamt etwa 7300 Quadratmeter Gartenfläche, ist dem durch einen Zaun abgegrenzten Botschaftsareal noch verblieben, und dieser Rest ist nüchtern und ohne große gärtnerische Ambition nach Art eines englischen Parks gestaltet. Ein Gitter trennt den Garten vom Ehrenhof des Palastes ab, und durch ein Tor, zwischen Amphoren und auf Sockeln ruhenden mythologischen Figuren kann man ins Grüne des Gartens hinaustreten. Die Sandsteinskulpturen auf den Pfeilern, die das Gartentor flankieren, thematisieren den Raub der Proserpina (oder gr. Persephone, die Tochter des Zeus und der Demeter; Hades, der Gott der Unterwelt, raubte sie heimlich, als sie auf einer sizilianischen Wiese mit den Töchtern des Okeanos spielte, und führte sie in die Unterwelt, wo er sie zu seiner Gemahlin machte) und der Orithyia (Tochter des König Erechtheus von Athen; Boreas, der Nordwind, hatte einst vergeblich um die schöne Geliebte geworben, da entführte er sie durch die Luft an die Küste von Thrazien; dort wurde sie seine rechtmäßige Gattin und gebar ihm Nachkommen).

An einer Stelle unter Bäumen hat jener Trabant auf Beinen Aufstellung gefunden, der zu einem Symbol für die Massenflucht der DDR-Bürger im Jahre 1989 wurde.

Eine Gedenktafel vor dem Automobil erinnert an diese Tage:

Quo Vadis
Von David Černy

Zur Erinnerung an die vielen Tausend Deutschen aus der DDR
die im Sommer und Herbst 1989 über die Botschaft Prag den Weg
in die Freiheit suchten und fanden

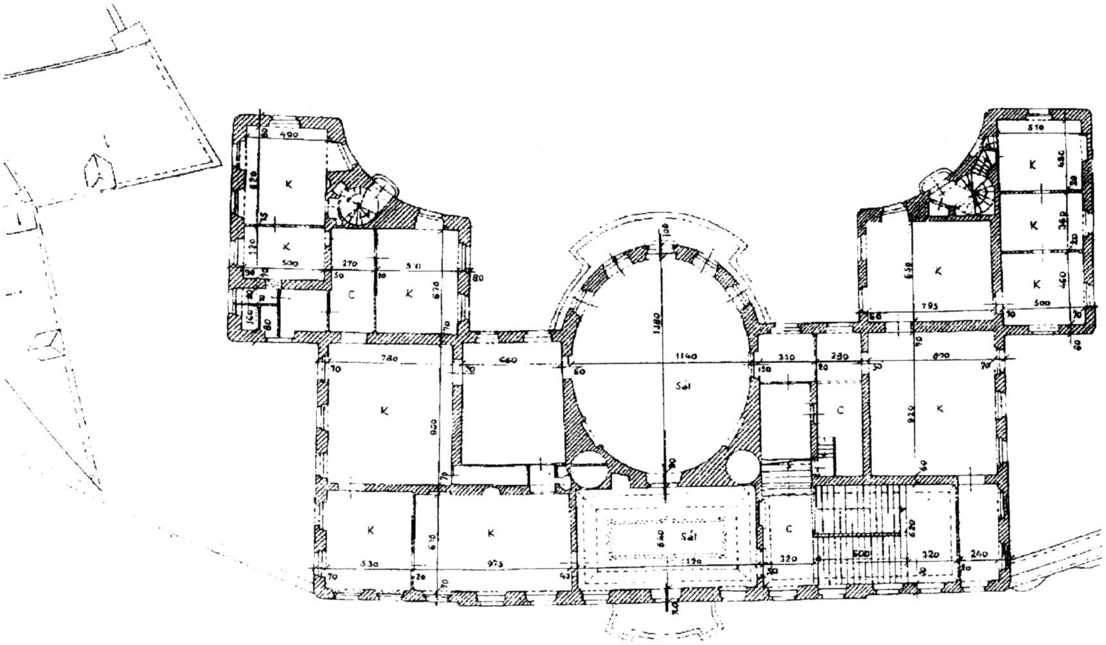

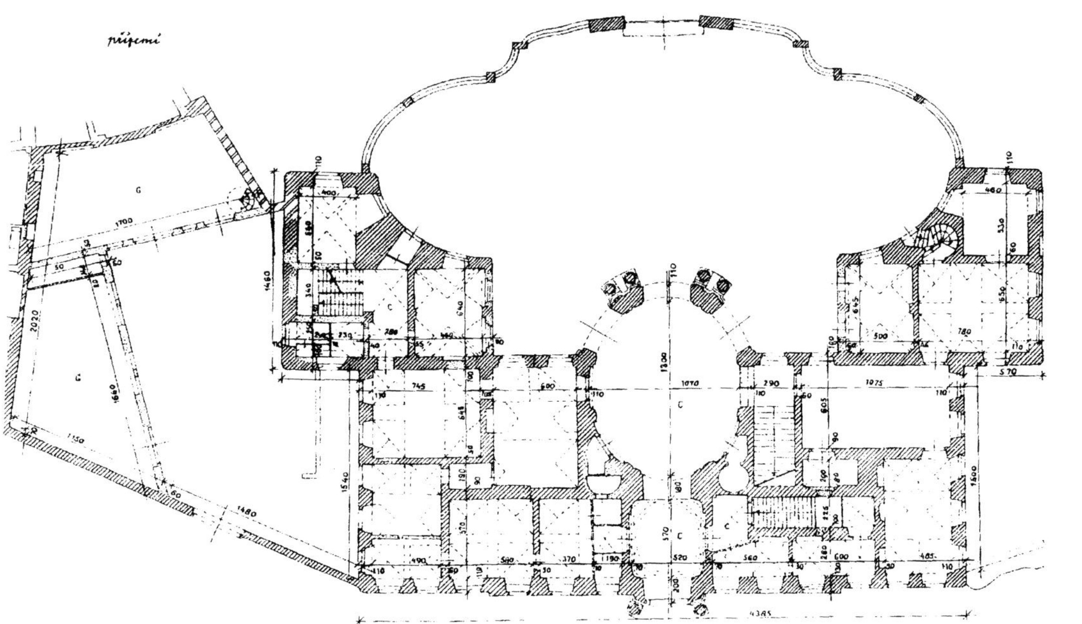

Grundrisse des Palastes: I. Obergeschoß (oben), Erdgeschoß (unten)

Der Kleinseitner Ring mit der St. Niklas-Kirche

Wo der Palast thront: Die Prager Kleinseite (Malá strana)

Von ganz eigenartigem und unvergleichbarem Reiz ist die Prager Kleinseite, ein Stadtviertel, in dem sich bis heute der Zauber vergangener Tage bewahrt hat. Mag sich drüben in der mondänen Neustadt und auch in der prächtigen Altstadt das pulsierende Leben abspielen, hier, in diesem Stadtteil, der von so vielen Dichtern poetisch besungen wurde, scheint bis heute die Zeit still zu stehen:

> Stundenlang bin ich oft in hellen Mondscheinnächten auf der Kleinseite – dem Stadtviertel jenseits der Moldau, der Herzkammer Prags – umhergewandelt, jedesmal habe ich mich verirrt. Ein uraltes Palais, vor dem man fühlt: unmöglich kann darin seit Jahrzehnten ein Mensch gewohnt haben, so dicht ist der grünspanüberzogene Türknauf mit aschigem Staub bedeckt; daneben ein Barockgebäude mit opalisierenden Fenstern, die schimmern wie das Glas antiker römischer Tränenkrüge; dann wieder eine sich in die Unendlichkeit hinziehende dreimannshohe Mauer mit zerbröckelndem Bewurf, darein die Geisterhand der Stadt phantastische Tierköpfe und starrende Gesichter gezeichnet hat, die unbeweglich scheinen und doch jedesmal den Ausdruck wechseln, so oft man hinblickt. Ein betäubender Blütenhauch nach Jasmin und Holunder fällt herab aus der Luft, und man ahnt: Irgendwo sind da Gärten, ungeheure Parks, versteckt, die vielleicht seit Menschengedenken kein Fuß betreten hat. Die Vermutung schleicht sich ins Herz, es möchte da drinnen, in einem verfallenen Zimmer des Hauses in einem vermoderten Bett eine zu Staub zerfallene Tote liegen, deren Dasein hier schon zu ihren Lebzeiten in Vergessenheit geriet.
>
> Gustav Meyrink,
> *Das Haus zur letzten Laterne*

Blick auf die Prager Kleinseite

Die engen Gassen, stillen Plätze und duftenden Gärten dieses Stadtteils liegen zu Füßen zweier dominierender Berge: Der Hradschin begrenzt die Kleinseite nach Norden zu, und der bewaldete Laurenziberg bildet den Abschluß nach Süden.

Auf der Kleinseite lassen sich erste Siedlungsspuren im Bereich der Brückengasse (Mostecká) und auf dem Kleinseitner Ring bis ins erste nachchristliche Jahrtausend zurückverfolgen. Nach der Jahrtausendwende dürfte sich der Fünfkirchenplatz, der am Kreuzungspunkt wichtiger zur Burg führender Straßen lag, zum Mittelpunkt der Ansiedlung unter der Burg entwickelt haben.

Otakar II. Přemysl gründete im Jahre 1257 eine Nova civitas sub castro Pragensi (Neustadt unter der Prager Burg), die dann ab dem Beginn des 14. Jahrhunderts „Kleinere Stadt Prag“ genannt wurde. Nachdem er die dort lebenden Menschen aussiedeln und den vorhandenen Baubestand aus strategischen Gründen hatte niederreißen lassen, ließ Otakar II. die neu gegründete Stadt alsbald befestigen und mit einer Mauer versehen.

Im 14. Jahrhundert erfuhr die Ansiedlung eine wesentliche Erweiterung insofern, als Kaiser Karl IV. den Stadtbereich durch den Bau einer neuen Verteidigungsmauer erweiterte und auch einige außerhalb dieser „Hungermauer“ bestehende Siedlungen miteinbezog. Die Kleinseite genoß damals weitreichende Selbstverwaltung, unterstand jedoch dem königlichen Unterkämmerer.

Schon im 14. Jahrhundert war die Kleinseite eine bedeutende Residenzstadt, in der etwa der Herzog von Sachsen, der Erzbischof von Mainz und auch die (Erz)bischöfe von Prag und Leitomischl prächtige Paläste unterhielten.

Während der Hussitenkämpfe der Jahre 1419-1421 wurde die Kleinseite weitgehend verwüstet. Nun zeigten sich die schlimmen Folgen ihrer eigentlichen Bestimmung, nämlich ein Verteidigungsvorfeld der Prager Burg zu sein. Beide feindlichen Parteien zerstörten die Bauten vorsätzlich, damit diese dem jeweils anderen nicht zur Deckung oder als Stützpunkt dienen konnten. Nach der Einnahme der Prager Burg durch die Hussiten am 7. Juli 1421 war von der unter ihr gelegenen Ansiedlung nicht viel mehr übrig geblieben als ein Trümmerfeld. Erst nach Jahren wurde die nur mehr von wenigen Menschen bewohnte Kleinseite wiederaufgebaut. Die Feudalresidenzen blieben, mit Ausnahme jener der Herzöge von Sachsen, allerdings verödet. Nachdem König Georg von Podiebrad 1460 die vorhussitischen Stadtrechte der Kleinseite erneut bestätigt hatte, ein neues Rathaus erbaut und der zerstörte gotische Brückenturm nach dem Muster des Altstädter Brückenturmes wiederaufgebaut war, konnten die Bewohner der Kleinseite wieder zu ‚normalen Verhältnissen‘ zurückkehren. Als im Jahr 1484 König Vladislav II. Jagelonský den Königssitz erneut von der Altstadt auf die Prager Burg zurückverlegte, kam der Kleineren Stadt Prag erneut die Funktion eines Vorfeldes für den Hradschin zu. Der Gewerbefleiß der Bürger ließ den Wohlstand und die Wirtschaftskraft des Stadtviertels rasch ansteigen, so daß im Jahr 1503, als etwa 60 Häuser der Kleinseite einer Feuersbrunst zum Opfer fielen, die Zerstörungen innerhalb kurzer Zeit wieder behoben werden konnten.

Von wesentlich größeren Ausmaßen war die Brandkatastrophe des Jahres 1541.

In den Nachmittagsstunden des 2. Juni brach im Hause des Herren von Gutstein an der Nordseite des Kleinseitner Ringes ein Feuer aus, das bald wie rasend um sich griff und sich alsbald zum verheerendsten Stadtbrand in der Prager Geschichte ausweitete. Dieses Inferno, das zwei Drittel der Häuser der Kleinseite und auch große Teile der Prager Burg in Schutt und Asche legte, hatte eine grundlegende Änderung des äußeren Erscheinungsbildes des Viertels zur Folge. Die Brandruinen wurden nicht mehr in der noch mittelalterlichen Art, sondern im Stile der Renaissance wiederaufgebaut. Die verschont gebliebenen Gebäude wurden durch zum Teil radikale Umbauten diesem neuen Zeitgeist angeglichen.

In der zweiten Hälfte des 16. Jahrhunderts wurden die Gärten im Bereich des Marktplatzes (Tržiště) und des Johannisberges parzelliert und zum Teil durch den Hofbaumeister Ulrico Aostalli bebaut. Damals entstanden die Straßenzüge der Wälschen Gasse (häufig auch Welsche Gasse, tsch.: Vlašská) und der Berggasse (Břetislavova). Das ganze Viertel erhielt ein italienisches Gepräge, wie es nördlich der Alpen bis heute kein zweites gibt. Unter den Künstlern und Handwerkern, die vom Hofe des Habsburger Kaisers Rudolf II. nach Prag gelockt wurden, war eine große Schar italienischer Meister. Sie siedelten in dem Bereich des Johannisberges und begannen schließlich 1608 auf einem aus dem Strahover Klosterbesitz stammenden Gelände am Fuße des Laurenziberges (Petřín) bzw. am oberen Ende der Wälschen Gasse mit dem Bau eines eigenen Spitals und einer Kirche.

Unter den Habsburgern und besonders nach deren Sieg in der Schlacht am Weißen Berg wandelte sich die Kleinseite zunehmend zu einer Adelsstadt. Während der protestantische Adel die Stadt verließ, suchte die katholische Aristokratie, sich in unmittelbarer

Im Garten des Kleinseitner Palais Waldstein

Nähe zur Kaiserburg niederzulassen. Als es im Burgbereich eng wurde und Bauplätze kaum noch zu haben waren, blieb nichts anderes übrig, als auf die bis dahin überwiegend bürgerliche und teils ärmliche Kleinseite auszuweichen.

Eines der größten Bauvorhaben dieser Jahre war die Errichtung des Palastes des kaiserlichen Generalissimus Albrecht von Waldstein. Waldstein hatte in den Zwanzigerjahren des 17. Jahrhunderts ein riesiges Gelände östlich des Augustinerklosters erworben und in der Folge mit einem mehrflügeligen Barockpalast nach den Plänen von Andreas Spezza bebaut. Wenigstens 23 Häuser, Zeitgenossen gaben noch weit größere Zahlen an, eine Ziegelei und einige Gärten mußten damals dem Komplex weichen.

Mir aber gefiel fürtrefflich wol der Palast des von Wallenstein Herzogen von Friedland / Generalen Keysers Ferdinand des andern / welcher um Verdachts willen / als ob er selbst nach der Krone getrachtet / hernach zu Eger um den Halß gekommen. Dieser Pallast ist erbauet worden an einem Ort / da vor diesem wol hundert Häuser gestanden / die man alle mit Fleiß niedergerissen / um Raum und Platz genug vor diesem neuen Bau zu haben / und ist darinnen ein schöner grosser Saal / wie auch ein vortrefflicher Hof; an dessen einer Seiten eine Renn-Bann ist / Pferde zu bereiten / und noch dabey eine Roßschwemme; so sieht man auch anders wo ein treffliches Vogelhauß / nebenst einen Baum-Garten / welches zu vergleichen ist mit dem Vogelhause Prinzen Doriae zu Genua / welches 80 Schritt lang ist / und 18 breit. Daselbst ist auch ein weiter und besehens würdiger Pferd-Stall / darinnen zwischen jedem Pferde eine Seul von Marmor stehet / und ist vor jedem Pferde ein Rauffe von Stahl / mit einer marmernen Krippen in einem Blendwerk in die Mauer gemachet / oben auf aber hängt das Gemälde von dem Pferde in Lebensgrösse und sein Nahme darunter geschrieben.

Edward Brown, *Durch Niederland / Teutschland / Hungarn / Serbien / Bulgarien / usw. gethane gantz sonderbare Rejsen*. Nürnberg, 1685

Blick von der St. Niklas-Kirche auf den Kleinseitner Ring

Das Palais Lobkowicz

Nach dem Ende des 30jährigen Krieges setzte sich auch und insbesondere auf der Kleinseite eindrucksvoll die barocke Auffassung von Architektur durch. Während der Zeitspanne einer Generation entstanden Dutzende bedeutende Baudenkmäler, und diese Periode sollte wie keine andere zuvor oder danach das Bild der Kleinseite bis ins 20. Jahrhundert hinein prägen. Klostergründungen (Dominikaner, Theatiner, Jesuiten) und Kirchenbauten bzw. -umbauten (St. Niklaskirche, Kirche Maria zum Siege, St. Josephklosterkirche u.a.) sollten der Rekatholisierung dienen und waren damit nicht nur architektonisches, sondern auch politisches Programm. Neben der sakralen Architektur wurden von Kleinseitner Architekten eine Reihe von profanen Palästen errichtet: Auf dem Malteserplatz der Nostitzpalast, auf dem Kleinseitner Ring der Hartig-, Sternberg- und Kaisersteinpalast, auf der Kampa der Lichtensteinpalast und unter dem Laurenziberg das prächtige Palais Lobkowicz, das damals freilich noch nicht diesen Namen trug.

Mit der josephinischen Ära endete diese produktive Epoche, die Zeit der katholischen Vorherrschaft begann zu bröckeln, die Macht des Adels wurde zunehmend vom erstarkenden Bürgertum, das im Zuge der Industrialisierung im 19. Jahrhundert zu Einfluß und Vermögen kam, abgelöst. Zwar spielte sich in den Palais der Aristokratie ein bedeutendes kulturelles Leben ab, so etwa im Hause Nostitz, in dem kein geringerer als Josef Dobrovský wirkte, oder in der Umgebung von Kaspar Maria Sternberg, der mit Goethe oder Alexander von Humboldt verkehrte, allerdings gehörte die Zukunft anderen. Die Kleinseite, die im Jahre 1784 mit den anderen Prager Städten zu einem Viererbund zusammengeschlossen wurde, wandelte sich zu einem stillen, vom Getriebe des lauten 19. Jahrhunderts verschonten Viertel. Nur wenig wurde noch gebaut, einiges den neuen

Über den Dächern der Kleinseite

Moden, etwa dem Klassizismus bzw. Historismus, angeglichen. Neue Brücken wurden über die Moldau gespannt (Kettenbrücke 1839-1841, Mánesbrücke 1910), kühne Pläne, etwa das Verlegen einer Eisenbahnlinie durch den historischen Kleinseitner Baubestand nach Smíchov hin, geschmiedet. Wenn dies und ähnliches mehr nicht zur Durchführung kam, so wohl deshalb, weil einige Kunstkenner und Vordenker, unter ihnen der ehrenhafte Ritter Vojtěch von Lanner, aber auch die Mitglieder des 1899 gegründeten Clubs für das alte Prag („Klub za starou Prahu") mit Vehemenz gegen die Zerstörung der Kleinseite auftraten.

Und so hat das Viertel auch das 20. Jahrhundert überstanden, von dessen Hektik man sich im geschäftigen 19. Jahrhundert freilich noch keine Vorstellung machen konnte. Die Kleinseite hat zwei Weltkriege unbeschadet überlebt und die Stagnation eines über vierzig Jahre einwirkenden realsozialistischen Regimes. Und immer noch ist es zu ahnen, dieses ferne Gestern, das ‚Heimliche in diesen alten Häusern', von dem Rilke erzählte. Freilich nicht mehr lange – das Wesen der Kleinseite verdämmert mit den letzten „eingeborenen" Bewohnern, die noch nicht verstorben oder in die Vorstädte ausgesiedelt sind. Und die jungen, finanzkräftigen Ausländer, die in die überteuerten Wohnungen einziehen und hier standesgemäß residieren, sind ein trauriger Ersatz für jene alten Kleinseitner, die bei Autoren wie Jan Neruda oder Franz Klečeк so lebensnah portraitiert sind. Die Bautrupps, die im Auftrag anonymer ‚Real estate companies' ein Gebäude nach dem anderen zum universellen Einheitsobjekt ‚sanieren' und oft genug in ungezügelter Entkernungssucht kaum mehr zurücklassen als Potemkinsche Fassaden – sie versetzen dem Kleinseitner Zauber wohl den letzten Stoß.

Und wenn die Häuser und Palais, die Kirchen und Kapellen, die Bildstöcke und Statuen auch sauber und adrett leuchten, der stille Zauber der Kleinseite wird dann nicht mehr wirkliche Gegenwart, sondern literarischer Mythos geworden sein:

> Bohusch fuhr fort: „Ich kenn mein Mütterchen Prag bis ins Herz – bis ins Herz", wiederholte er, als wenn jemand seine Behauptung bezweifelt hätte, „denn das ist doch wohl sein Herz, die Kleinseite mit dem Hradschin." Im Herzen ist immer das Heimlichste, und sehen Sie, es ist soviel Heimliches in diesen alten Häusern. Ich muß es Ihnen sagen, Rezek, denn Sie sind vom Lande und wissen es vielleicht noch nicht. Aber es gibt da alte Kapellen, Jesus, und was da für seltsame Dinge sind. Bilder und Ampeln, und ganze Kästen, Rezek, ich lüg' nicht, ganze Kästen voller Gold. Und aus diesen alten Kapellen führen Gänge weit, weit unter der ganzen Stadt durch, vielleicht bis nach Wien."
>
> Rainer Maria Rilke,
> *Zwei Prager Geschichten*

Blick vom Dach des Palais Lobkowicz auf die Kleinseite und Prager Burg

Blick auf den ehemaligen Markt unweit des Lobkowicz'schen Palastes

Der Laurenziberg (Petřín)

Das Palais Lobkowicz liegt am nördlichen Abhang des Laurenziberges, eines bewaldeten Hügels am linken Moldauufer.

Der Laurenziberg, über den heute ein gut ausgebauter Aussichtsweg führt, wurde erstmals im Jahre 1108 von dem Prager Chronisten Cosmas erwähnt. Damals war der Hügel wohl wesentlich unwirtlicher als heute und wegen seines dichten Bewuchses nur schwer zugänglich. Der Berg in unmittelbarer Nähe der Prager Burg diente zeitweilig als Richtstätte und Steinbruch, später wurden Weinberge auf ihm angelegt. In rudolphinischer Zeit förderte man hier sogar Kohle.

Heute ist der Laurenziberg ein viel besuchter Ausflugsort, der seinen romantischen Reiz weitgehend erhalten hat, allerdings ist auch dieses Idyll vom menschlichen Verschönerungswahn bedroht.

... Ein zweiter Zugang führt von der Wälschen Gasse zwischen den Mauern des Lobkowicz- und Strahower Gartens über 266 Steinstufen in 20 Min. zur Höhe. Dieser Weg wird vorteilhaft zur Rückkehr benutzt. ...

Der Laurenziberg (tsch. Petřín), 322 m hoch, ist der östliche Ausläufer des Weißen Berges. Er nimmt in der Sagengeschichte Böhmens eine hervorragende Stelle ein, denn schon die heidnischen Bewohner des Landes sollen auf dem Berge ihren Göttern geopfert haben, und Libuscha soll von hier die einstige Größe Prags prophezeit haben. Karl IV. umgab 1360 den Berg mit einer hohen gezackten Mauer, welche noch jetzt über dem schönen Grün der Buchenwaldung hervorragt und sich über den Rücken des Berges vom Strahower Stift bis zum Aujezd herabzieht. Sie führt den Namen Brot- oder Hungermauer, weil sie während einer Hungersnot aufgerichtet wurde, wodurch der Kaiser vielen Menschen Verdienst verschaffte. Jetzt ist sie an einer Stelle durchbrochen, und die Anlagen des Laurenziberges sind dadurch mit dem Kinskygarten verbunden.

Im obersten Teil der Anlagen die Restauration Hasenburg (tsch. Nebozizek) mit prachtvoller Aussicht. Hinter derselben führt der Weg weiter zur Laurentiuskirche auf der Spitze des Berges, erbaut 1770 an Stelle einer Kapelle, die schon im 11. Jahrhundert bestand; sie besitzt einige hübsche Gemälde. In der Nähe zwei kleine Kapellen, die eine mit einer Gruppe der Kreuzigung Christi. Den grünen Vorplatz umgeben seit 1836 vierzehn Passionssäulen, von den Malern Müller und Holzmaier mit Fresken nach Führichs Entwürfen geschmückt.

Seit 1891 ist auf der höchsten Fläche des Laurenziberges ein aus Eisen konstruierter Aussichtsturm (Petřínwarte) nach dem Vorbild des Eiffelturms errichtet (60 m hoch, 384 m über dem Meere und etwa 200 m über der Moldau). Der Turm besteht aus zwei Stockwerken, von denen das erste in einer Höhe von 20 m mit einer Rundgalerie versehen ist. Das zweite Stockwerk ist 54 m hoch. Beide Stockwerke sind mittels eines doppelten bequemen, 299 Stiegen zählenden Stiegenganges oder auch mittels eines Personenaufzuges zugänglich. An der Spitze des Turms ein meteorologisches Observatorium. – Die Aussicht von dem Turm auf Prag und Umgegend ist außerordentlich schön. Man blickt bis zum Erzgebirge und über das malerische Mittelgebirge bis zum Iser- und Riesengebirge, auf der entgegengesetzten Seite bis zum Böhmerwald. ...

Unweit des Aussichtsturmes befindet sich der Pavillon des tschechischen Touristenklubs; in demselben das Bild der Gebrüder Liebscher: „Der Kampf der Studenten gegen die Schweden auf der Prager Brücke im Jahre 1648“.

Griebens Reiseführer,
Prag und Umgebung, 1911

Auch Franz Kafka besuchte den Laurenziberg gern, und so hat er diesem in der Erzählung „Beschreibung eines Kampfes“, ein Werk das der erst 21jährige zu schreiben begann, ein literarisches Denkmal errichtet:

> ‚Wie ist das doch‘, sagte mein Bekannter, der mit mir aus der Gesellschaft gekommen war und ruhig neben mir auf einem Wege des Laurenziberges gieng. ‚Bleiben Sie endlich ein wenig stehn, damit ich mir darüber klar werd. – Wissen Sie, ich habe eine Sache zu erledigen. Das ist so anstrengend – diese wohl kalte und auch bestrahlte Nacht, aber dieser unzufriedene Wind, der sogar bisweilen die Stellung jener Akazien zu verändern scheint.‘
>
> Der Mondschatten des Gärtnerhauses war über den ein wenig gewölbten Weg gespannt und mit dem geringen Schnee verziert. Als ich die Bank erblickte, die neben der Thüre stand, zeigte ich mit erhobener Hand auf sie, denn ich war nicht muthig und erwartete Vorwürfe, legte daher meine linke Hand auf meine Brust.
>
> Er setzte sich überdrüssig, ohne Rücksicht gegen seine schönen Kleider und brachte mich in Staunen, als er seinen Ellbogen gegen seine Hüften drückte und seine Stirn in die durchgebogenen Fingerspitzen legte. [...]
>
> Franz Kafka,
> *Beschreibung eines Kampfes*

Auf dem Kamm des Laurenziberges hat man eine Sternwarte, die nach dem tschechischen Politiker und Astronomen Milan Rastislav Štefánik (†1919) benannt ist, eingerichtet. Unweit dieses Planetariums wurden Rosengärten angelegt, die im Frühling einen wunderbaren Duft verbreiten.

Zu dem Denkmal des an anderer Stelle bereits erwähnten Dichters Jaroslav Vrchlický hat man noch weiteren bedeutenden Persönlichkeiten der Landesgeschichte, so etwa dem tschechischen Dichter Jan Neruda oder dem Geigenvirtuosen Ferdinand Laub, Standbilder auf dem Laurenziberg errichtet. Das wohl berühmteste Denkmal erinnert an Karel Hynek Mácha, den Dichter der tschechischen Hochromantik, der 1836 im 26. Lebensjahr gestorben ist. Alljährlich am 1. Mai strömen die Prager Liebespaare auf den Laurenziberg um vor dem Standbild Máchas Blumen niederzulegen und sich die ersten Worte seines wohl schönsten Gedichtes „Máj“ ins Ohr zu flüstern:

Byl pozdní večer, první Máj, Večerní Máj, byl lásky čas	Es war später Abend, der erste Mai, abendlicher Mai, es war der Liebe Zeit

Das Standbild des Dichters Karel Hynek Mácha auf dem Laurenziberg

Das Krankenhaus unter dem Laurenziberg (Špitál pod Petřínem)
Vlašská 36-40/336-338

Wo sich ehemals ein großer Weingarten des Klosters Strahov befand, wurde im 17. Jahrhundert Baugrund parzelliert und an Prager Bürger verkauft. So kam im Jahre 1773 auch Grund an einen Freiherrn Josef von Bretfeld, der schon in der Spornergasse (Nerudova čp. 340) ein Palais besaß. Freiherr von Bretfeld richtete sich an dieser Stelle einen Garten ein. 1844 kaufte die Kongregation der Barmherzigen Schwestern des Hl. Karl Borromäus einen Teil des Sommergartens, zusammen mit einem sich dort befindlichen kleinen Lustschlößchen.

Nach den Plänen des Architekten Adalbert Gudery entstand in der Folge ein zweistöckiger Vierflügelbau, der alsbald als Kloster und Krankenhaus für Frauen eingerichtet wurde. 1851 wurde in einfachem Empirestil die Karl Borromäuskirche erbaut und mit Fresken und einem Altarblatt (Der Erzbischof Karl Borromäus von Mailand besucht Pestkranke) von Wilhelm Kandler geschmückt. Die Anlage, die an einem alten Pilgerweg hinauf zur Laurentiuskirche auf dem Petřín steht, wurde schließlich noch um einen weiteren Flügel erweitert.

Gegenwärtig dient das neuerlich von den Barmherzigen Schwestern betriebene ‚Špitál' als Fakultätsklinik. Im Hof des Krankenhauses wurde eine von Johann Brokoff 1695 für die Karlsbrücke geschaffene Pieta aufgestellt.

Die Karl Borromäus-Kirche

Das Wälsche Spital (Vlašský Špitál) gegenüber des Lobkowicz'schen Palastes
Vlašská 34/335

Schon seit dem Mittelalter wanderten italienische Kaufleute, aber auch Baumeister, Stukkateure und Maurer aus ihren Dörfern in Oberitalien oder dem Tessin nach Prag, um in der aufblühenden Stadt ihr Glück zu versuchen. Meist zogen ganze Familien aus ihren ärmlichen Dörfern, in denen sie kein Auskommen mehr finden konnten, über die Alpen. Zu den Italienern gesellten sich auch einige Schweizer, deren rätoromanische Sprache in Prag mit dem Italienischen gleichgesetzt wurde. Berühmte Persönlichkeiten der italienischen Kulturgeschichte, etwa Cola di Rienzo oder auch Petrarca hatten in Prag geweilt, ghibellinische Flüchtlinge den Přemysliden gedient, vertriebene italienische Juden aus dem nördlichen Italien fanden Zuflucht im Prager Ghetto, und später, vor allem im 18. Jahrhundert wurden italienische Impresarios, Dirigenten und Sänger tonangebend im höfischen und adeligen Theaterwesen der Stadt.

1573 gründeten diese Italiener, die man dem damaligen Sprachgebrauch nach „Wälsche" nannte, eine Kongegration, von der in Not geratene Landsleute Hilfe erwarten durften. Welche gesellschaftliche Stellung diese Fremdlinge in der Prager Gesellschaft einnahmen, läßt sich auch daraus ablesen, daß ein italienischer Kaufmann, Pietro della Pasquina, im Jahre 1611 zum Rat der Kleinseite und etwa ein Jahrzehnt später der Zuckerbäcker Francesco Cortesi in der Altstadt zum Rat ernannt wurde. Man schätzt, daß zu Zeiten Rudolphs II. ein Drittel aller Handwerker an den Prager Baustellen italienisch gesprochen haben.

Die Südländer, die teilweise während der Wintermonate, wenn im kalten Prag die Baustellen verwaist auf den Frühling warteten, zurück in ihre heimatlichen Berge wanderten, ließen sich bevorzugt auf der Prager Kleinseite nieder. Rund um die St. Thomas-Kirche und unter dem Laurenziberg mischte sich nicht selten die schöne italienische Sprache zum tschechischen und deutschen Idiom der Kleinseite. Waren die tschechischen Protestanten über den ungebremsten Zuzug der italienischen Katholiken, die lange Zeit den Schutz der Jesuiten genossen, verärgert, so hatten sie doch auch nicht wenige Vorteile vom wirtschaftlichen Engagement der Italiener in Prag. Die Händler brachten Seide und edle Stoffe, Delikatessen wie Oliven oder Wein in die Hauptstadt des Königreiches und boten Nachhilfe in feiner Lebensart. Einzelne Berufe – Stukkateure oder Schornsteinfeger – wurden nur von Italienern ausgeübt, man darf den Grund dafür nicht zuletzt auch in ihrer überlegenen Handwerks- und Gewerbekunst sehen, die so viel zum Gedeihen der Stadt beitrug.

Die italienischen Einwohner Prags schufen sich nach und nach jene Strukturen, die eine Minderheit zu ihrer wirtschaftlichen und kulturellen Existenz benötigt. Ab 1569 verkündete in der Wälschen Kapelle im Klementinum ein italienischer Prediger das Wort Gottes, 1593 wurde eine italienische Bruderschaft unter der Aufsicht eines gewissen Pater Biaggio Montagnini gegründet, die schließlich eine neue Kapelle errichten ließ. Der päpstliche Nuntius selbst beliebte bei der Einweihung anwesend zu sein, und mit ihm eine Reihe katholischer Botschafter. In den folgenden Jahren verstand es die italienische Kommunität, den Bau einer eigenen Schule, eines Waisenhauses und auch eines eigenen Hospitals sowie eines Friedhofes zu erwirken. Sogar eine eigene Trattoria und eine Begegnungsstätte für alle Zeiten sollte eingerichtet werden, zumindest wenn es nach dem testamentarischen Wunsch des reichen Prager Architekten Giovanni Domenico Barifis hätte gehen sollen: Er hatte zu diesem Zwecke seinen Landsleuten eines seiner Häuser in der Altstadt vermacht.

Zu Beginn des 17. Jahrhunderts wurden schließlich unter dem Laurenziberg einige Bürgerhäuser abgerissen, um Platz für ein wälsches Spital, d.h. eine karitative Einrichtung, zu schaffen. Der Kaiser förderte das Unternehmen indem er es 1608 von jeglichen Steuern befreite.

Der Baumeister Domenico de Bossi erbaute zwischen 1608 und 1617 die Spitalskirche, die der Jurisdiktion der Strahover Kanonie unterstand. In dieser Kirche sollten auch einige prominente Persönlichkeiten ihre letzte Ruhestätte finden, unter ihnen Bartolomeo Scotti, der das Gotteshaus zu Beginn des 18. Jahrhunderts umbaute und Freiherr Franz Helfried von Kaiserstein. Kaiser Josef II. hob die Anstalt im Jahre 1789 auf und verkaufte das Gebäude. Die Italiener konnten es aber wieder zurückkaufen, sodaß sie hier 1804 ein „Italienisches Waiseninstitut" gründeten, das bis in unser Jahrhundert Bestand hatte.

Im zweiten Weltkrieg wurde in den Räumlichkeiten des Wälschen Spitals eine Casa d'Italia eingerichtet, heute residiert das italienische Kulturinstitut im Wälschen Spital.

Die Kartusche neben dem Hauptportal der Kirche, die reich mit Stukkaturen verziert ist, zeigt das Motiv eines barmherzigen Samariters.

Das Italienische Waiseninstitut gegenüber des Lobkowicz'schen Palastes

Allianz

Im Herbst 1989 stand die Prager Botschaft der Bundesrepublik Deutschland wie nie zuvor im Rampenlicht der Öffentlichkeit. Abend für Abend übertrugen die Fernsehanstalten Bilder in alle Welt, die Zeugnis ablegten vom Willen der Menschen, in Frieden und Freiheit zu leben und für diese Werte etwas zu riskieren. Viele Zeitzeugen, viele Zuschauer spürten: Durch Mut und die Konsequenz der Deutschen, die im Palais Lobkowicz Zuflucht und Schutz suchten, kündigt sich mit Macht eine geschichtliche Zäsur an. Als die Ungewissheit schwand, welchen Ausgang diese Ereignisse nehmen würden, wurde klar: Es ist auch den Menschen in diesem Gebäude zu verdanken, daß das Tor zur Wiedervereinigung Deutschlands aufsprang und die politische Landkarte Mittel-, Ost- und Südeuropas tiefgreifend umgepflügt wurde.

Mit dem Wiedererstarken der Demokratie in diesem Teil des Kontinents ergaben sich auch neue Chancen wirtschaftlichen Engagements, die die Allianz beherzt ergriff. Wir sind heute froh und dankbar, daß wir damals nicht zugewartet haben wie viele andere. Wir erkannten früh Zentral- und Osteuropa als strategische Kernmärkte und investieren dort erhebliche Mittel. Im Jahr 1992, wenige Monate nach der Öffnung des Tschechischen Versicherungsmarktes für ausländische Unternehmen, begannen wir auch in Prag mit dem Aufbau einer Gruppengesellschaft, der Allianz pojisťovna. Inzwischen entwickelte sich diese Neugründung zu einer der ersten Adressen im Markt. Wir bieten sowohl Einheimischen als auch ausländischen Privat- und Firmenkunden Leistung und Service einer internationalen Versicherungsgruppe an. Heute gehört Zentral- und Osteuropa zu den wichtigsten Märkten der Allianz. Wir haben nicht vergessen, wem wir es verdanken, daß diese Märkte sich öffneten. Deshalb unterstützten wir gerne die Herausgabe eines Buches, das den Mut der Menschen vor zehn Jahren dokumentiert und ihren Beitrag für ein freiheitliches Europa würdigt.

Deutsche Bank

Die Zukunft braucht Erinnerung, und das um so mehr in einer Zeit, die durch immer schnelleren Wandel charakterisiert ist. Was die Gegenwart erlaubt, verdanken wir nicht selten den Möglichkeiten, die in der Vergangenheit eröffnet wurden. Ohne die Ereignisse des Jahres 1989 wären weder die politischen noch die wirtschaftlichen Freiheiten unserer Tage denkbar. Manches von dem, was heute als selbstverständlich gilt, wurde auch mit den Bildern erreicht, die das Fernsehen damals aus der Prager Botschaft der Bundesrepublik in alle Welt schickte. Die Flucht vieler DDR-Bürger in das Palais Lobkowicz war eine Initialzündung. Die bedeutende Rolle, die dieses historische Gebäude Böhmens während der entscheidenden Monate des Umbruchs spielte, macht es zu einem symbolischen Ort im tschechisch-deutschen Verhältnis. Als die Flüchtlinge endlich ausreisen konnten, hatte sich das Bild Europas geändert. Aus dem Aufbruch der wenigen ergab sich die Freiheit vieler, die politische und kulturelle Freiheit, die wirtschaftliche nicht zuletzt. Die Deutsche Bank freut sich ganz besonders, daß sie jetzt auch ein Buch fördern kann, daß die Verbindung zur Geschichte wachhalten will. Daß wir uns heute als festen Bestandteil der tschechisch-deutschen wirtschaftlichen Beziehungen verstehen können, wurde erst durch die beschriebenen Ereignisse möglich. Auf seine Weise will dieses Buch Dank sagen; den Weg in die europäische Zukunft mag es markieren.

Deutsche Bank AG,
Filiale Prag

Fotonachweis

ARD: Seite 25 oben, Seite 30, Seite 33 unten, Seite 33 oben, Seite 34, Seite 55 oben, Seite 60, Seite 62 oben, Seite 62 unten, Seite 66/67, Seite 70, Seite 71 oben, Seite 71 unten, Seite 72 oben, Seite 72 unten, Seite 74, Seite 75 unten, Seite 75 oben, Seite 76 oben, Seite 76 unten, Seite 86, Seite 87 oben, Seite 87 unten, Seite 88/89, Seite 91 oben, Seite 91 unten, Seite 92/93, Seite 95 unten, Seite 95 oben, Seite 96 oben, Seite 96 unten, Seite 97 oben, Seite 97 unten, Seite 102, Seite 103, Seite 112/113, Seite 114 unten, Seite 115 unten, Seite 115 oben, Seite 116 oben, Seite 116 unten, Seite 117 unten, Seite 124/125

Brüggemann: Seite 44 oben rechts, Seite 94 oben, Seite 94 unten, Seite 118/119

Bundespresseamt: Seite 14 unten, Seite 40

Carp, Axel/Stern 104/105

Cudlín: Seite 80/81

ČTK: Seite 13, Seite 14 oben, Seite 24, Seite 32, Seite 39, Seite 44 unten, Seite 45, Seite 61 oben, Seite 61 unten, Seite 90 oben, Seite 90 unten, Seite 106/107, Seite 110, Seite 111, Seite 114 oben, Seite 117 oben, Seite 6 oben, Seite 6 unten

Koreček: Seite 10, Seite 18, Seite 25 unten, Seite 31, Seite 44 links oben, Seite 52, Seite 54, Seite 55 unten, Seite 82

Kořán: Seite 50

Ptáček: Seite 51, Seite 56 oben, Seite 56 unten, Seite 98

Slavík: Seite 79

Vitalis Archiv: Seite 126-161

Zhoř: Seite 120/121

Die Herausgeber möchten den einzelnen Autoren und Fotografen, insbesondere *Herrn Adolf Brüggemann* und *Herrn Dr. Ivan Koreček,* für die Überlassung wertvollen Fotomaterials danken. In diesen Dank schließen wir das *ARD-Studio Prag* sowie das Magazin *Fotografie* ein.

Für die freundliche Bereitschaft zur Zusammenarbeit danken wir auch *Frau Bettina von Lobkowicz.*

Für die großzügige Unterstützung des Projektes danken wir dem *Bundespresseamt* in Berlin, der *Allianz pojišťovna a. s.* in Prag sowie der *Kulturstiftung der Deutschen Bank* in Frankfurt und der *Deutschen Bank.* Ohne das Mitwirken der genannten Personen, Firmen und Institutionen hätte dieses Buch nicht erscheinen können.

DDR

VISUM

1/ 11 9 1 2

gemäß ANTRAGSTELLUNG

Gut pfürst

107

mehr - malig gültig

vom

bis 11.05.90

4567 15-89

4567-100-290190

DDR

2 02 0 1 5 ▷

DDR

24 02 0 1 1 ▷

Drewitz

108

Drewitz

109